KB212760

불교와 환경

정토총서 ❷ 맑은 마음 · 좋은 벗 · 깨끗한 땅

불교와 환경

법륜 스님

정토출판

정토총서를 발간하며

    지금 우리 인류는 인간성 상실, 공동체 붕괴, 자연환경 파괴라는 중대한 위기에 처해있다. 이 위기를 극복하기 위해서, 우리는 불교의 근본 가르침 속에서 그 해답을 찾고자 한다.

    첫째, 연기법을 우리의 세계관으로 삼는다

    '이것이 있으므로 저것이 있고, 이것이 없으면 저것도 없다'는 존재의 상호연관성이 '존재하는 모든 것들의 있는 그대로의 모습'이다.

    '네가 죽으면 나도 죽고 네가 살면 나도 산다. 네가 불행하면 나도 불행하고, 네가 행복하면 나도 행복하다'는 연기적 세계관에 입각하여 함께 살고 함께 행복해지는 이 길을 추구한다.

    여러 가지 꽃이 모여 하나의 화단을 이루듯이 각자의 다양한 개성이 모여 조화와 균형을 이루게 하여 시기와 질투를 뛰어넘어 사랑을, 대립과 경쟁을 뛰어넘어 화합을, 투쟁과 전쟁을 뛰어넘어 평화를 이루는 새로운 문명을 창조하고자 한다.

    둘째, 부처님과 보살을 우리 삶의 모범으로 삼는다

평생을 가사 한 벌과 바루 한 개로 걸식하며 살아가신 부처님의 삶을 본받아, 적게 먹고, 적게 입고, 적게 자며, 어디에도 구애받지 않고 살아가는 구도자의 자세를 갖는다.

나아가 중생의 아픔을 자신의 아픔으로 여기고 스스로 사바세계와 지옥 속으로 뛰어들어 중생을 구제하시는 대비 관세음보살님과 대원 지장보살님의 원력을 본받아 모든 중생을 구원하는 대승보살이 되고자 한다.

셋째, 무아(無我)·무소유(無所有)·무아집(無我執)을 수행의 지표로 삼는다

정토세계를 이룩하기 위하여 나를 버리고, 내 것을 버리고, 내 고집을 버리고 오직 중생의 요구에 수순하는 보살이 되고자 한다.

그리하여 한 생각 돌이켜 사로잡힘에서 벗어나 괴로움도 없고 얽매임도 없는 대자유인(成佛)이 되고자 한다.

나아가 인류에게 불어닥친 이 위기를 극복하고 행복한 인생(맑은 마음), 평화로운 사회(좋은 벗), 아름다운 자연(깨끗한 땅)을 일구어 살기 좋은 세상(淨土)을 만들고자 한다.

정토총서는 이러한 서원에 따라 수행·복지·평화·환경 등 우리 삶의 과제에 대한 대안을 제시하고자 한다.

1998. 10

왜 환경문제는 환경문제가 아닌가?

환경문제가 단순히 오염을 정화하거나 자원재활용운동, 혹은 자동차 배기가스의 배출을 감시하는 운동을 넘어선다는 것은 이미 상식에 속하는 문제다. 환경위기는 자원을 무한하다고 단정하고 정복과 지배, 풍요를 좇고 거대함을 추구하며, 속도경쟁사회가 만들어낸 모든 업보가 오늘의 이러한 오염과 위기를 초래한 것이다.

따라서 환경운동은 이 모든 것에 대한 참회와 반성을 토대로 한 전향의 의지를 담는 것이어야 한다. 이것이 환경문제의 본질이기 때문에 단순히 '환경'이라는 용어로는 포괄할 수 없을 뿐 아니라 의미가 제한될 수밖에 없다고 판단한다. 그래서 서구에서는 자본주의를 상징하는 청색과 사회주의를 상징하는 적색, 두

가지 모두 생산력주의를 추구하고, 대량생산과 대량소비를 지향하고 있기 때문에 결국 '그 놈이 그 놈'이라고 판단하여 이 모두를 지양한다는 의미로 '녹색'이라고 표현하거나 '생태주의'라는 말로 사용한다. 여기에 동양적 가치를 결합하여 '생명' '생명가치, 생명운동'이라는 말로 우리는 표현하고자 한다.

　환경문제는 깨달음을 구하는 사람들에게는 어쩌면 좋은 일일지도 모른다. 과거에는 한 분의 부처님만 있었지만, 이제는 모두 깨닫지 않으면 안 되도록 시대가 강제하고 있기 때문이다. 환경을 걱정하는 우리의 노력은 본래 나눌 수 없는 것을 사람들이 인위적으로 나누고 쪼개고 갈라놓았기 때문에 발생한 것이며 이것을 본래의 자리로 돌려놓는 것이다. 그래서 환경운동은 다른 운동과는 달리 저항하고 저지하는 운동을 전개함과 아울러 자신이 어떻게 살 것인가를 결심하고 살피는 운동이고, 또한 수행을 통해 자연의 근본을 통찰하며 생활양식과 행동을 변화시키는 것이어야 한다. 그래서 생태주의운동, 생명운동은 개인의 깨달음을 추구하며 궁극적으로도 개인의 깨달음으로 완성되는 것이어야 한다.

　인류는 이제 환경문제의 해결을 위해서는 동양사상의 깊이와 개인의 수행을 중요시하는 불교의 가르침에 큰 비전과 가능성을 기대하고 있다. 이것은 서양사상과 기독교 전통에 대한 회의에서 출발했지만, 과연 불교사상과 동양사상이 그러한 요구에 대답을 해 줄 것인가는 앞으로 큰 과제이다. 불교사상은 인류의 미래에 큰 자산인 것은 분명하지만 구체적 고통에 실질적으로 해답을 주지 못하고 훈고학적이고 '불교는 원래 생명사상이었다'고 당연한 주장만 되뇌인다면 실천적 고민을 하는 사람에게는 아무런 도움도 되지 못한다. 현재 환경문제를 둘러싼 윤리의 문제와 미묘한 입장의 차이에 대해 불교는 그 해결책과 처방을 내놓지 않으면 안 된다.

프리츠 슈마허의 <작은 것이 아름답다>는 이미 환경운동가들의 경전과 같은 필독서다. 그곳에는 '불교경제학'이라는 단원이 있는데, 인류가 지향해야 할 가치로서 불교적 가르침으로 회귀되어야 함을 역설했다. 또한 카프라는 노장철학이나 힌두이즘, 불교의 세계관에 접근하면서 환경위기의 새로운 깨달음을 설파했다. 그러나 깨달음은 단순히 사고의 전환만을 의미하는 것은 아니다. 모든 깨달음은 경험의 세계와 연관되는 법이지, 책 속에서 구해지는 것은 아니며, 공부한다고 우주의 이치를 터득하는 것도 아니다. 결국 개인이 스스로 수행과 탁마를 통해 구하지 않으면 찾을 수 없는 것이다.

이 책은 그 동안 한국불교환경교육원의 원장이신 법륜 스님의 몇 번의 강의와 쟁점에 대한 인터뷰를 정리한 글이다. 본인에게 법륜 스님은 존경하는 스승이시지만 함께 일하는 도반이기도 하다. 그가 갖고 있는 운동의 열정은 내가 이때껏 만난 그 어떤 사람보다도 높았으며, 어려움을 돌파하는 힘과 문제의 핵심을 갈파하는 혜안은 이미 함께 15년 넘게 일해온 나에게는 언제나 경이로움 그 자체였다. 그는 현재 북한동포돕기 운동을 전개하면서도 그 운동과 환경문제 등을 통합적으로 사고하며 인류적 시각을 항상 견지하고 있다. 또한 환경문제에 대한 시각도 대단히 근본적이며 구체성을 띤다.

이 글은 법륜 스님의 글을 본인이 정리한 것이다. 몇 가지 중복되는 것도 있고 해서 약간의 편집을 가했으며 가능한 명쾌하게 전달하고자 정리했다. 당시 이야기를 들을 때는 너무도 정연하고 확연한 인식의 정돈됨을 느꼈지만 글로 다듬는 과정에서 그 활력이 많이 떨어짐은 어쩔 수 없는 것 같다. 또한 스님의 생생한 목소리보다는 건조한 논리만 남아있는 것 같아 대단히 염려스럽고 부끄러운 마음이다. 몇 가지 논점이 불분명하거나 거친 부분이 있다면 순전히 정리한 본인의 수준의 문제이자 잘못임을 밝혀둔다.

1998. 12. 25
한국불교환경교육원 사무국장 유정길

차례

불교와 환경윤리

환경문제는 모든 것이 서로 연관되어 공존하고 있다는 사실을 망각하고, 자신만의 삶을 위해 자연을 파괴한 과보라고 본다. 단순히 자연환경의 보존이나 원상회복의 차원에서 보아서는 환경문제는 결코 해결될 수 없을 것이다. 심청정, 국토청정(心淸淨, 國土淸淨)라는 말도 있듯이 인간에 의해 파괴된 자연환경을 복구하는 일은 자연과 인간은 일체라는 관점 위에서 순환적인 삶으로 전환해갈 때 비로소 근본적인 해결이 가능하다고 본다.

'우주 속의 나와 내 속의 우주'는 청년과 대학생을 대상으로, '불교와 환경윤리'는 녹색평론(97. 1, 2월호)에 소개되었으며, '생태적 가치관과 생활양식'은 교사와 대학생, 일반인을 대상으로 한 생태학교 제15기 강좌 내용이다.

우주 속의 나와 내 속의 우주

시간적으로 공간적으로 확장된 '나'

'나'는 무엇인가? '나'는 생물학적인 존재로서 '나'를 정의할 수 있고, 어떤 경우에는 정신적인 존재로서 '나', 또는 철학적인 존재로서 '나'를 정의할 수 있다.

이처럼 '나'라는 한 단어는 여러 각도에서 살펴볼 수 있다. 만약에 철학적인 존재로서 나를 중심으로 정의할 경우, 존재로서, 육신으로서 나를 규정하는 것은 잘못되었다고 생각하며 참 나, 나의 본질이 무엇인가를 중심으로 찾으려 할 것이다.

나를 공간적으로 확대하여 살펴보자. 우리는 각자 '나'라는 육신의 존재를 기반으로 사고를 시작한다. 그러나 내 주위를 살펴보면, 먼저 내가 살고 있는 주위 조건과 환경을 생각할 수 있다. 그것이 일정하게 테두리 지어진 것을 '나라'라고 생각한다면, 그 구성원은 언어와 문화, 역사를 공유하고 있는 '민족'이라고 부른다. 또한 각각의 민족들이 모여 인류를 이루고, 이러한 인류는 지구라는 더 큰 틀 속에서 생존하고 있다.

그러나 우리가 살고 있는 지구가 과연 모든 것이라고 할 수 있을까? 태양을 중심으로 돌고 있는 수많은 혹성 가운데 지구가 있고, 은하계에 있는 수많은 별 가운데 태양계가, 대우주에 있는 약 1천억 개의 은하 가운데 은하계가 있다. 즉 대우주 안에 먼지 같은 존재가 은하계며, 그 은하계 안에 지극히 작은 존재가 지구고, 그 작은 지구 안에 수백만 종의 생명 가운데 인간이라는 종이 있으며, 그 중에 인류를 구성하고 있는 수천의 민족이 있고, 그 수천의 민족 가운데 우리 민족이 있고, 그 민족을 이루는 칠천만 겨레 가운데 한 사람이 바로 '나'다.

다시 '나'의 몸은 어떻게 이루어졌는가? 내 몸은 약 10조 개의 세포로 구성되어 있다. 그 10조 개의 세포 하나마다 내 몸을 구성하는 전체의 정보가 들어 있다. 즉 각각의 세포가 합해져 내가 되기도 하지만, 그것은 각각 독립적으로도 완전한 정보를 갖고 있는 존재들이다.

이것이 내 육체를 구성하는 기본단위가 된다. 더 깊이 들여다
보면, 그 세포는 아주 작은 분자의 배열로 이루어져 있고, 이 분
자는 다시 원자의 결합으로, 원자는 소립자의 결합으로, 소립자
는 쿼크라는 물질이라고 할 수 없는 존재의 결합으로 구성되어
있다.

'나'를 시간적으로 확대하여 인류사 전체로 나를 살펴보자. 생
물학적으로 말하는 인류의 기원은 오스트랄로피테쿠스까지 거
슬러 올라가면 3백만 년 전이고, 네안데르탈인으로 인류의 기원
을 치자면 2십만 년이며, 북경원인과 자바원인으로부터 치자면
3십만 년에서 5십만 년 전쯤 된다. 그리고 현생인류인 호모사피
엔스가 출현한 것은 10만 년 전 정도다.

이러한 인류사에 비하면 우리 민족사는 5천 년 정도다. 이루
말할 수 없이 짧은 순간이며, 더욱이 한 인간의 인생을 길게 잡
아 백 년이라고 하더라도 민족사의 처지에서 보면 찰나에 불과
한 인생살이일 뿐이다.

이처럼 나라는 존재는 미시세계에서 볼 때는 우리의 상상을
초월하는 거대한 존재지만, 거시세계에서 볼 때는 너무나 미미
한 존재일 뿐이다. 그러나 우리는 '나'라는 존재에 대해 미시세계

와 거시세계를 총체적으로 보지 못하고, 그저 자기 주변을 중심으로 아주 좁은 범위의 세계만 본다. 그야말로 좁디좁은 바늘구멍을 통해서 세상을 들여다보는 것과 같다. 단지 자기 눈에 보이고, 자기 귀에 들리는 세계, 냄새맡아지고, 자기 손으로 만질 수 있는 아주 작은 세계만을 '세계'로 인식하며 매사를 판단한다.

더 나아가 자기가 경험한 좁은 세계 안에서의 생각을 '진리' 또는 '상식'이라고 말한다. 이렇게 형성된 상식은 미시세계에서도 참이 아닐 뿐 아니라 거시세계에서도 참이 아니다. 다만 그것은 자기의 체험에서 형성된 것일 뿐이다.

좁은 울타리를 벗어나 시야를 한 차원 넓혀보면 더욱 더 큰 세계가 눈앞에 펼쳐진다. 나는 민족구성원의 일부분이며, 민족은 인류구성원의 일부분이고, 인류는 지구구성원의 일부분이다. 인생을 올바르게 설계하고 살아가기 위해서는 적어도 우주 속에서의 나, 지구 속에서의 나, 인류사 속에서의 나, 민족사 속에서의 나라는 위치를 충분히 깨달아야 한다. 그래야 자기 삶의 방향과 지표가 확연하게 드러날 수 있다.

자신의 위치를 정확하게 깨닫지 못하면 우리는 방황하게 된다. 수학적으로 가로와 세로를 교차시켜 만나는 원점을 중심으로 x축과 y축으로 자신이 얼마나 원점에서 떨어져 있는가, 그리고 어느 방향으로 어느 정도의 속도로 움직이는가를 알 수 있다.

그러나 그 원점을 알지 못하면 자신의 현재 위치를 잊어버리게 된다. 자신이 전체 속에서 어느 위치에 놓여있는지를 안다면 인생의 혼돈은 저절로 끊어지게 된다.

우리가 볼 때 지구는 굉장히 크다고 생각한다. 자신에 비하면 어마하게 크지만, 실제 그리 큰 것은 아니다. 직경이 6,300km되는 거의 원형에 가까운 공이며 빛의 속도로 1초에 일곱 바퀴 반 정도 돌만큼 아주 작은 공일 뿐이다. 단지 우리 인간의 스케일에 비해 상대적으로 엄청나게 크고 넓게 보일 뿐이지, 우주적인 관점에서 보면 지구는 티끌 만한 존재일 뿐이다. 우리가 보통 말하는 세상이란 바로 이 티끌 같은 크기의 지구를 뜻하는 것이다.

우리가 사는 지구는 우주의 한부분으로서 45억 년의 역사를 갖고 수많은 존재들이 이루 말할 수 없는 변화의 과정을 통해 지금에 이르렀다. 우주 생성 초기에 가장 초보적인 변화로서 쿼크의 결합이 있었고, 이러한 쿼크의 결합은 소립자를 만들었으며, 소립자들의 결합은 다시 원자를 만들고, 원자는 분자를 만들어 냈다. 지구 초기에는 대부분 원자와 분자로 이루어져 있었고, 이 것이 20억 년 이상 흘러가면서 분자들의 고도의 결합에 의해 신진대사를 할 수 있는 존재가 형성되었고 생명이 탄생된 것이다.

생명의 탄생을 시작으로 단세포에서 차츰 다세포 생명으로 변해갔고, 더욱 고도화되어 동물이 갈라지고, 그 동물은 척추동물로 척추동물은 어류, 양서류, 파충류, 조류로 갈리면서 결국 포유류가 출현하게 된 것이다. 인류의 기원은 포유류의 전성시대인 약 6천만 년 전부터 시작하여 오스트랄로피테쿠스까지 거슬러 올라가 3백만 년, 네안데르탈인으로 치면 2십만 년 전 정도다.

이렇게 출발한 인류가 지구를 토대로 생존하면서 문제가 발생하기 시작했다. 자연은 인간 삶의 토대이기도 했지만, 동시에 인간의 생명을 위협하는 존재였던 것이다. 물은 인간이 살아가는 데 필수적인 것이지만, 다른 한편으로 인간의 삶을 송두리째 파괴하는 위협적인 존재였고, 불 또한 인간의 삶에 절대적으로 필요한 것이지만, 동시에 인간의 삶을 위협하는 존재였던 것이다.

인류는 자연에 대한 두려움이 생겼다. 그러나 여기에서 굴복하지 않고 자연에 대한 두려움과 위협을 제거하고자 했다. 결국 방법은 두 가지였다. 자연에게 복종하거나, 자연의 원리를 터득하여 정복해나가는 길이었다. 첫 번째의 방법은 원시종교를 출현하게 했고, 두 번째의 방법으로 과학기술을 더욱 발달시켰던 것이다.

오늘날 인간은 과학기술을 이용해서 자연을 정복하면서, 자연에 대한 두려움을 거의 극복했다. 우리는 그 동안 과학기술의 발달로 자연의 위협에서 벗어난 상태를 발전이라고 생각했다. 그런데 발전을 거듭하면서 자연의 위협을 벗어나는 순간 전혀 예상치 못한 위기의 사태가 발생한 것이다. 그것이 바로 환경, 생태위기였다. 우리가 자연을 완전히 정복했다고 생각하는 바로 그 시점이 우리 삶의 토대를 파괴해버린 지점이 된 것이다.

인간은 혼돈스러워하기 시작했다. "발전이란 무엇인가, 과연 위기를 초래한 것이 우리 자신이었던가" 하는 점이었다.

지구적 과제 : 환경문제

지구적인 과제로 볼 때, 오늘날 가장 큰 문제는 환경문제다. 굶어죽는 사람도 있고 병들어 죽는 사람도 있다. 또한 세계적인 문제로 핵문제나 식량문제, 에너지고갈문제들이 있지만, 이 문제를 포괄하는 것으로써 지구적으로 가장 큰 문제가 환경문제다. 이것은 인간만이 아니라 지구 전체의 생명이 존립 위기를 맞고 있기 때문이다.

우선 가장 문제가 된 것은, 생물 종의 멸종이다. 역사이래 무수한 생물이 출현하기도 했지만, 많은 생물 종이 멸종하기도 했다. 더욱이 과학기술의 결과로 인해 자연에 대한 지배와 정복의 속도가 높아지고 이로 인해 멸종의 속도 또한 더욱 빨라졌다.

다음으로 기상이변이다. 최근 엘리뇨 현상이나 라니냐 현상이 과거에 비해 더욱 자주 빈발하고 있고 그로 인해 겨울의 날씨가 따뜻해지고 게릴라성 호우가 퍼붓고, 세계 곳곳에서 홍수피해와 이와 연관하여 농산물 수확량이 급속히 감소하면서 식량문제는 대단히 심각한 지경에 이를 것으로 예측하고 있다.

세 번째는 식품오염이다. 해산물과 농산물이 중금속으로 오염되고, 동물이 그것을 먹고 광우병 등 이상괴질이 번지고 있으며, 점차 음식물을 안심하고 먹을 수 없게 되었다. 우리 삶에서 가장 중요한, 숨쉬고 마실 공기와 물의 오염으로 인해 사람들은 이상질환으로 병들고 있으며, 산업사회의 성장과 개발로 인해 유해물질로 오염된 토양과 공기 등 인간 삶의 터전은 심각한 지경에 이르게 된 것이다.

이러한 지경 속에, 현재 우리가 생각하는 발전이 과연 진정한 발전인가 하는 점을 깊이 생각하게 되었다.

많이 생산해서 많이 소비하는 것을 그 동안 발전이라고 생각해 왔다. 그러나 그러한 생산과 소비가 현재 위기의 국면을 초래한 것이다.

우리가 자연에 가하는 힘이 미약할 때는 숲에서 나무를 베고 밭을 일구어도 잠시만 지나면 다시 나무로 뒤덮여 숲으로 변했다. 자연이 정화할 수 있는 범위 안에서 자연을 이용했기 때문에 지구 전체적으로 볼 때 우리들의 행위가 환경에 영향을 주지 않았다. 이러한 자연의 정화능력으로 인해 지구의 자연은 무한하다는 생각을 갖게 되었다.

그러나 과학기술의 힘은 인간의 능력을 무한히 확대시켰고 결국 자연이 정화할 수 있는 능력을 벗어나 감당할 수 없는 지경에 이르러 지구가 병들고 결국 인간생존마저 절멸에 이르게 된 것이다.

생태원리 : 개별존재 아닌 상호연관된 전체로서 생명

한 연못에 물벌레, 개구리, 뱀이 함께 살고 있다. 태양 빛을 받아 식물성 플랑크톤이 생성되며, 물벌레는 그것을 먹고 자라고, 개구리는 물벌레를 먹고 자라며, 뱀은 개구리를 먹고 자란다.

이때 개구리의 입장에서 보면 자신의 먹이인 물벌레는 먹어도 먹어도 끝이 없을 정도로 많지만, 개구리의 번식력은 생각보다 크지 않다. 그 원인을 추적해 보면 개구리의 번식에 장애가 되는 뱀이 함께 살고 있기 때문이라는 사실을 발견하게 된다. 이렇게 뱀이 존재하는 것은 개구리를 위협하는 것이니 힘을 합해 뱀을 없앴다. 그래서 그 연못은 개구리의 세상이 되었고 이제 더 이상 두려움은 없어졌다.

그런데 정말로 뱀의 멸종으로 개구리의 행복은 보장될 수 있을까?

이 연못에는 개구리 5백 마리와 물벌레 10만 마리가 살고 있다. 개구리 한 마리가 하루에 먹는 물벌레의 수는 열 마리고, 물벌레는 하루에 1만 마리의 새끼를 친다. 계산해 보면 개구리 5백 마리가 하루에 먹을 수 있는 물벌레는 5천 마리인 데 비해, 물벌레가 하루에 새끼 치는 양은 1만 마리다. 이럴 때는 개구리가 물벌레를 아무리 먹어도 물벌레는 줄어들지 않는다. 개구리가 보기에 그야말로 물벌레는 무한한 것으로 보인다.

그런데 이 연못에는 물벌레와 개구리뿐만 아니라 뱀도 같이 살고 있다. 뱀은 주로 개구리를 먹고 산다. 개구리는, 뱀이 자신들을 잡아먹기 때문에 종족번식에 한계가 있다고 생각했다.

그래서 뱀을 다 죽여버렸다고 하자. 그러면 개구리의 숫자가 늘기 시작한다. 5백 마리였던 개구리가 6백 마리가 된다. 이때 개구리가 물벌레를 얼마나 먹을까? 6천 마리를 먹는다. 6백 마리였던 개구리가 한 달이 지나자 7백 마리가 되었다. 그래도 물벌레는 줄어들지 않는다. 다시 5개월이 지나자, 개구리가 1천1백 마리 되었다. 이때 개구리에게 필요한 물벌레의 양은 얼마일까? 하루에 1만1천 마리가 필요하다. 그러면 물벌레 1만 마리는 새로 생성되는 것이므로 문제가 없는데 1천 마리는 원래 있던 물벌레 10만 마리 중에서 더 먹어야 한다. 그러나 물벌레 10만 마리에서 물벌레 1천 마리를 빼도, 물벌레는 아직 9만9천 마리나 남아 있다. 이때 개구리가 물벌레의 수가 줄어든다는 것을 눈치챌 수 있을까? 개구리가 마음만 먹으면 언제든지 먹을 수 있는 것이 물벌레다. 그러니 물벌레의 수가 줄어들고 있다고 상상하기란 어렵다.

그때부터는 개구리의 숫자가 늘어난 만큼 물벌레의 숫자는 차츰 줄어든다. 그런데도 개구리의 눈에는 여전히 자기의 먹이감인 물벌레는 무한할 정도로 충분하게 보인다.

만약 개구리가 2천 마리 되었다면 하루에 먹는 물벌레의 양은 2만 마리다. 그래도 물벌레 7만 마리가 남는다. 차츰 시간이 지나면서 개구리의 숫자는 3천 마리까지 되었다. 이때 물벌레는 4만 마리가 남는다. 아직까지도 물벌레가 충분할까? 충분하지 않을까? 오늘까지는 물벌레가 충분하다. 그러나 하룻밤 자고 나면 어떨까? 부족하다.

이렇게 개구리가 눈치채지 못하는 사이에 물벌레는 차츰 줄고 개구리는 늘어 '아차' 하고 개구리가 그 사실을 눈치채는 바로 그 순간 모든 식량은 바닥난 상태가 된다. 이것이 먹는 것의 문제다.

돌아보면 뱀이란 것은 개구리에게 위해(危害)를 가하는 존재라 생각했지만, 오히려 물벌레뿐 아니라 뱀마저도 개구리들을 존립하게 만든다는 사실을 알게 된다. 이것이 생태계의 원리인 것이다.

오늘 우리가 이런 식으로 살면 모두에게 죽음을 초래한다는 것은 불을 보듯 뻔히 알 수 있다. 그러나 우리는 개구리처럼 물벌레가 무한정한 것이라고 생각하고 있으며, 위기가 온다고 경고해도 아무도 귀기울이지 않다가 어느 날 갑자기 위기를 맞게 되는 것이다.

오늘날 IMF는 국제투기자본의 아시아지배라는 측면도 있지만, 오히려 현재와 같은 천박한 소비양태가 결국 이러한 경제위기를 초래한 원인이며, 1995년부터 국제사회가 외환위기에 대한 경고를 했는데도 아무도 거기에 귀기울이는 사람이 없었다. 위기는 언제나 갑자기 찾아오는 것이다.

가치관의 변화 : 소비수준을 줄인다

환경문제는 세계의 한쪽 면만 바라보고 편협된 사고를 통해 자기 몸에 스스로 상처를 낸 결과라 할 수 있다. 작은 두려움을 해결하기 위한 노력의 결과가 바로 우리의 생존 자체를 위협하는 엄청난 두려움으로 다가온 것이다.

그런데도 우리는 아직도 이 행로를 멈추지 않는다. 많이 생산해서 많이 소비하는 게 잘 사는 삶이라는 사고가 굳어져 계속해서 위험 신호음이 울려오지만 누구도 멈추지 않는다. 설령 자각한 몇 사람이 있다 하더라도 대다수의 흐름에 밀려난다. 더욱이 '나 하나 이렇게 한다고 무슨 소용이 있겠는가?'라는 생각으로 대다수의 물결 속에 무력하게 묻히게 된다.

현재 지구에 있는 화석연료의 양은 유한한데 소비량은 차츰 늘어가고 있으니 언젠가는 고갈되는 것은 당연하다. 또 핵에너지는 화석연료처럼 고갈되지는 않지만 쓰고 난 뒤에 핵폐기물의 처리는 수만 년 동안 골칫거리로 남는다. 지금 당장은 여기 저기 숨기면 되겠지만 일정 시간이 지나면 발을 들여놓을 자리도 없게 되는 것은 너무나 당연하다. 지금과 같은 삶의 방식을 고치지 않으면 시간의 문제일 뿐 궁극적으로는 인류의 종말이라는 결과로 갈 수밖에 없다.

60억 지구 인구 가운데 10억 정도만이 우리와 같은 소비수준으로 살고 있으며, 나머지 50억은 우리의 1/10, 1/100도 못 쓰고 있는 형편이다. 그런데 문제는 중국이나 인도, 인도네시아, 방글라데시, 파키스탄 사람들도 모두 우리와 같이 풍요로운 삶을 원한다는 점이다. 많이 생산해서 많이 소비하는 것이 좋다고 우리가 선전했기 때문이다. 그래서 그들도 잘 살려고 할 것이고, 자연을 파괴하더라도 너도 나도 앞다투어 기술개발과 소비증대를 달성하려고 애를 쓸 것이며 결국 인류는 절멸의 길로 갈 수밖에 없다.

그렇다고 해서 해결의 실마리가 없는 것은 아니다. 현재 지구에 불어닥친 위험은 스스로 만든 것이며, 따라서 막을 방법도 우리 스스로의 손에 달려 있다. 다만 문제는 여기에 대해 정확히 인식하지 못하거나, 인식했다 하더라도 현재 살아가고 있는 삶의 방향을 멈추지 않고 서로 눈치만 보고 있다는 점이다.

오늘날 지구적인 문제로 제기되는 환경문제를 사전에 막으려면 어떻게 해야 될까?

첫째는 소비수준을 줄여야 한다. 많이 생산해서 많이 소비하는 것이 행복이라는 생각을 버리지 않는 한, 현재의 소비수준을 줄이는 것은 불가능하다. 소비를 많이 하는 사람은 자기만 해치는 게 아니라 다른 사람의 삶까지도 해친다는 사실을 알아야 한다. 그러나 그것을 알아도 잘 되지 않는다.

마치 담배 피우는 것이 건강에 나쁜 줄 알아도, 습관 때문에 담배를 끊지 못하는 것과 같다. 지금 당장 죽는 것이 아니기 때문에 긴박함이 느껴지지 않는다. 인류에게 위기라는 말이 어디 한두 번이었는가. 어제도 괜찮았고 오늘도 별 문제없기 때문에 내일도 그럴 것이라고 생각한다. 또한 나 혼자 이러한 소비사회에서 벗어난다고 뭐가 달라지겠느냐고 생각한다.

그러나 보다 중요한 것은 소비수준을 줄이고 살아가는 인생이 행복해야 한다는 점이다. 그래야 누구나 그 삶을 닮아가고 싶어 한다. 억지로 욕구를 참으면서 줄이는 것이 아니라 그것이 개인에게 실제로 행복이고 즐거움이며 편안함으로 느껴야 한다. 욕구를 절제하거나 소비수준을 줄이는 것이 자신에게 진정 행복을 주는 것이라는 가치관으로 사고가 완전히 전환되어야 한다.

둘째는 인구문제다. 각자 소비수준을 중지하더라도 모두 자기 아이만 고집하면서 인구를 늘린다면, 유한한 지구 상에서 식량 부족과 자연고갈의 현상은 더욱 촉진될 것이다.

인류의 문제 : 기아, 질병, 문맹

지구적으로 보면 가장 큰 문제가 환경문제지만, 인류적인 관점에서 볼 때 가장 큰 문제는 세 가지다.

첫째는 기아문제다. 전지구상 60억 인구 중 12억 인구가 기아상태에 놓여 있다. 우리 나라보다 잘 사는 인구, 즉 1인당 GNP가 1만 달러 이상인 인구가 10억 정도인 데 반해 1인당 GNP가 몇십 달러도 안 되는 인구가 12억이나 된다. 즉 10억의 인구가 지구 재화의 80% 이상을 독점해버림으로써 12억의 인구는 1%의 재화도 못 쓰는 형편이다.

둘째는 질병문제다. 질병이라고 하니까 불치의 병인 암이나 에이즈 같은 것으로 생각할 수도 있지만, 여기서 말하는 질병은 간단한 치료로도 해결할 수 있는 질병 때문에 죽어가는 것을 문제삼는 것이다. 이들에게는 환경문제보다 자기 생존이 더욱 중요하다. 환경오염으로 피해를 입기 전에 기아와 질병으로 먼저 죽는다. 그들 입장에서는 산에서 나무를 베어 팔면서라도 살아야 한다.

그래서 아프리카 아마존 강 유역에 사는 사람들은 나무를 베어 팔아서 자기들에게 필요한 물건을 구입한다. 그 결과 산림이 파괴될 수밖에 없고, 당연히 환경문제가 제기된다. 이 상황에서 그들의 산림훼손을 막으려면 선진국이 갖고 있는 식량을 나눠줘야 한다. 기아와 질병을 해결하기 위해서라도 우리의 소비를 줄여야 한다. 그것만이 유일한 해결책이다.

셋째는 문맹문제다. 기아와 질병이 동물로서 최소한의 생존권을 보장하는 것이라면 문맹퇴치는 인류로서 최소한의 생명권을 보장하자는 것이다. 동물이 인간의 유전인자를 갖고 있다고 해서 오늘 우리가 말하는 인류로서 인간이 될 수 없다. 인류로서 인간은 생물학적 존재와 정신적 존재가 합해진 것이다. 따라서 정신적 존재로서 몇십만 년 전부터 쌓아온 모든 경험을 전수 받아야 인류로서 인간이 되는 것이다.

만약 아이가 태어나자마자 돼지우리에서 키워졌다면 당연히 우리와 같은 언어와 문자도 사용하지 못하고 돼지의 생활방식을 배울 것이다. 그 아이는 수십만 년 전부터 내려온 인류로서 인간의 경험을 전수 받지 못했기 때문에 인류사회에 와서 아무리 오래 살아도 돼지의 습관을 벗지 못한다.

그러나 아이가 태어나서 삼 년 동안 사람들이 사는 무리에서 키워지고, 이후에 돼지우리에 넣어졌다면 돼지의 삶으로 돌아갈까?

그렇지 않다는 것이 인류학의 견해다. 아이는 언어가 능숙하지 않고, 생활하기가 조금 불편해도 동물과는 전혀 다른 행동을 한다. 이미 인류로서 경험을 전수 받았기 때문이다. 마치 세포 하나마다 우리 몸 전체의 유전정보가 들어있는 것처럼 사람마다 전인류의 유전정보가 들어 있는데 어머니의 모유를 먹고 자라는 과정에서 아이에게 전인류의 정보가 전달된다고 한다.

이렇게 인간의 원시적 정보는 어머니의 품에서 자라는 것으로 전달되지만 역사시대의 정보는 언어와 문자를 터득해야 제대로 받아들일 수 있다.

문맹퇴치란 대학교육을 말하는 것이 아니다. 또한 전문적인 지식을 쌓는 것을 말하는 것도 아니다. 이러한 자기 선택권은 적어도 언어와 문자를 터득한 뒤에나 주어져야 한다는 것이다. 최소한 초등학교만 졸업해도 문자는 터득할 수 있다. 그런데 이런 최소한의 교육도 못 받는 인구가 60억 중 20억이 넘는다.

기아와 질병, 문맹퇴치를 위해 우리가 할 수 있는 일은 무엇일까? 최소한 누구나 배고프지 않고, 제때에 치료받을 수 있고, 문자를 터득할 수 있는 기회를 갖도록 해야 한다. 굶주림과 질병, 무지로 인해 행해지는 환경파괴를 막으려면 우리가 가진 것을 나누어야 한다. 그것은 우리가 현재의 소비수준을 줄일 때 가능하다. 우리가 소비수준을 줄인 만큼 지구 환경을 살릴 뿐만 아니라 인류가 갖고 있는 기아와 질병, 문맹퇴치도 이루어질 수 있다.

세계의 갈등 : 인종, 민족, 성, 계급, 문화

인류가 갖고 있는 또 다른 문제는 갈등과 대립이다. 이러한 지구 속에서 전개되는 대표적인 갈등의 종류를 다섯 가지로 나눠 볼 수 있다.

첫째는 인종갈등으로 피부 빛깔 때문에 차별하고 인간적 권리를 제한하는 문제다.

둘째는 민족갈등이다. 민족의 수가 많거나 힘이 있다고 해서 소수민족의 권리를 빼앗는 것이다. 오늘날 지구상에는 소수민족의 비극은 말로 할 수 없을 정도다. 가장 대표적으로 알려진 쿠르드 족의 경우, 실제는 몇천만 명이나 되는 인구인데도 이라크와 이란, 터키 사이에서 흩어진 채 독립국가를 형성하지 못하고 각 곳에서 소수민족으로 고통받고 있다.

셋째는 성의 갈등이다. 똑같은 인간으로 태어났는데 여자라고 차별 받는다.

넷째는 계급문제다. 돈이 많고 적음에 따라 또는 양반이니 상

놈이니 하면서 차별한다.

다섯째는 문화적 갈등이다. 그것은 특히 종교적 갈등으로 나타난다. 자기 신앙을 다른 사람에게 강요하거나 다른 종교를 신앙하는 사람을 탄압하고 이로 인해 종교전쟁이 끊일 날이 없다.

굶어죽는 문제가 아닌데도 인간은 이런 갈등으로 전쟁을 일으킨다. 그래서 서로 고통받는다. 이 다섯 가지 문제 역시 근원적으로 살펴보면 자기 것이 가장 옳다는 생각과 더 많은 이익을 누리려는 생각, 그리고 더 많이 소비하기 위해 확장하고 정복하려는 의식이 바로 원인이 되고 있는 것이다.

에너지와 식량의 위기

우리의 가치관이 많이 생산해서 많이 쓰는 것이 행복이라고 생각한다면 가장 우선적으로 닥쳐올 큰 위기는 두 가지다.

첫째는 에너지위기다. 현재 우리의 에너지 소비량은 날로 늘어가고 있다. 겨울에는 난방시설을 갖춰야 하고, 여름에는 냉방시설을 갖춰야 한다. 스트레스를 해소하기 위해 차 몰고 드라이브를 해야 한다. 낮에도 전깃불을 켜야 하고, 밤새도록 비디오를 켜놓고 보아야 한다. 낮에는 낮잠 잔다고 에어컨을 틀어 방안 온

도도 조절해야 한다. 에너지문제가 심각해질 수밖에 없다.

지금 북한의 최대 위기는 식량이지만, 식량보다 더 먼저 온 위기가 에너지문제였다. 에너지공급이 중단되자 모든 공장시설이 멈추고, 전기공급이 중단되었다. 물마저도 마실 수 없게 되었다. 난방이 안 되니까 아파트 안에 비닐천막을 쳐놓고 아이를 키워야 하는 비극이 나타난 것이다.

둘째는 식량위기다. 인류는 이미 여러 차례 식량위기를 거쳤다. 수렵과 채취를 하다가 인구가 늘어나면서 한계에 부딪쳤을 때 농경과 목축으로 식량위기를 극복했다. 그러다가 이모작하고 콩과 옥수수를 번갈아 심는 방식을 채택하여 식량 생산을 두세 배로 늘렸다. 이렇게 해서 또 한번의 식량위기를 넘겼다. 요즘에는 유전인자의 조작으로 씨앗을 개량하고 화학비료 사용으로 식량 생산량이 전에 비해 2-3배 늘었다. 그러나 인구증가와 소비수준의 향상을 멈추지 않으면 아무리 농업기술이 발달한다고 해도 식량위기는 곧 닥칠 것이다.

공산품은 없으면 안 쓰면 되지만, 식량이 없으면 죽게 된다. 식량은 5%만 부족해도 가격이 몇 배로 뛴다. 현재 우리 나라 에너지자원의 자립도는 5%도 안 되고 식량자급도 역시 24%밖에 안 된다. 현재 나타나고 있는 각종 기상이변으로 인해 우리 나라는 벌써 식량대란이 시작되었다고 할 수 있다.

외환위기는 그래도 구제를 받을 곳이라도 있지만 에너지위기와 식량위기가 닥치면 국가 전체가 하루아침에 붕괴할 수 있다.

수행과 삶의 관계

오늘날 인류는 이렇듯 안정된 토대 위에 사는 것 같지만, 한 번 어긋나면 끝모를 나락으로 떨어지는 불안정한 토대 위에 서 있는 것이 현실이다. 이런 생존위기가 닥치면 어떻게 될까? 아마도 위기의 마지막은 오히려 전쟁으로 더욱 절멸을 촉진시킬 것이다. 광대가 외줄을 타듯이 그 위에 조심스럽게 우리가 서 있는 것이 현실이다.

또 우리와 뗄래야 뗄 수 없는 연관선상에 있는 주변 4강의 움직임도 살펴보자.

현재 미국은 세계화란 이름으로 전세계를 미국화하고 있다. 이런 미국의 전략에 가장 위협적인 나라가 중국이다. 또 현재 미국과 중국 사이에서 미국 편을 들고 있지만 만만치 않은 나라가 일본이다. 그리고 그 동안 강대국이었던 러시아가 있다. 네 개의 강대국은 세계 제패를 위해 어느 나라가 패권을 행사하는가에

촉각을 세우고 있다.

어떻게 보면 현재 외환위기는 앞으로 닥칠 위기에 비하면 아무것도 아닐 수 있다. 환경문제를 해결하기 위해 강대국들이 협약을 맺어 국제적인 강제력을 발동하면 우리 나라에 있는 대부분 산업은 경쟁력을 상실하고 망하게 된다. 실제 최근 기후협약과 관련된 국제적 움직임이 바로 그것이다. 화석연료의 사용을 대폭 줄이라는 강제규정이 주어지면 현재 우리 기업들 상태로는 생존할 기업이 별로 없다. 이런 상황에서 남북이 가진 힘을 어떻게 나누며 내부 결속을 다져 국가 장래를 개혁할 것인가를 서로 얼굴을 맞대고 모색해도 어려운 시점이다.

그렇다면 이 시점에서 우리가 할 수 있는 일은 무엇일까? 백성이 몇백만 굶어죽어도 외면하는 북한 권력집단과 그것을 방치하고 봉쇄하는 남한 권력집단, 그 안에서 지역감정으로 서로 싸우는 집단에게 민족의 장래를 맡겨 놓고 우리는 지금까지 살아왔던 것처럼 밥먹고 직장에 나가 일하고 참선하며 살아도 괜찮을까.

난마와 같이 얽힌 수많은 사회적 문제를 해결하기 위한 보살의 삶은 바로 수행을 통해서 자기변화 과정 속에 세계의 변화를 바라보고 함께 해결해나가는 것이다.

문제의 해결은 결국 문제를 느끼는 개인으로부터 출발할 수밖에 없다. 자기의 시야만큼 세계는 보이는 것이고 자기의 결의만큼 일할 수 있고, 자기가 변한 만큼 주변을 변화시킨다.

세계를 있는 그대로 보고 자신을 내려놓으며 탐욕을 내려놓고 소박하고 가난한 삶 속에 행복이 있음을 깨닫는 것, 그것이 바로 수행이다. 수행은 현실을 바르게 인식하는 것이며 나와 세상을 함께 이롭게 하기 위한 것이다.

또한 내 삶은 주변 사람이나 환경과 따로 떨어져 있지 않다. 나 역시 이 속에서 살고 있고 내가 만나야 할 사람들이 이런 불안 속에 살고 있으므로 그들의 삶은 나한테 영향을 준다. 이들의 고통은 나와 관계없는 세상의 문제가 아닌 바로 내 삶의 문제인 것이다.

불교와 환경윤리

관념세계와 실제세계

얼마 전까지만 해도 등산을 가면 계곡에서 취사를 했다. 그때
우리는 계곡의 위쪽에서 물을 떠먹고, 밑에서 밥해 먹고, 아래쪽
에서는 발씻고 세수를 했다. 그런데 계곡을 타고 위로 올라가 보
면 구비구비마다 모든 사람이 다 그렇게 행동한다. 한 구비에서
만 보면 계곡의 위쪽 물이 깨끗하다고 생각하지만 사실은 그 구
비의 상류에서 발씻은 물에 지나지 않는다.

자기가 알 수 있는 세계 안에서 보고 판단하기 때문에 이쪽이
시작이고 저쪽이 끝이라고 생각한다. 자신이 생각하는 세계관,

자신에게 당장 보이는 시야 속에서는 시작이 있고 끝이 있다. 그러나 실제로 계곡의 물은 시작한 그 앞에도 물이 있고, 계곡의 끝편 더 아래쪽에도 물이 있다. 모든 존재는 시작 이전에도 존재가 있었고, 끝 저편에도 존재가 있다.

시작과 끝은 관찰자의 시각과 관념 속에서만 존재하는 것이지 사물을 총체적으로 보면 시작과 끝은 의미가 없다. 계곡 전체를 보고 첫 샘물이 시작이고 마지막을 바다라고 생각할 사람도 있을 것이다. 그러나 바닷물이 증발하여 구름을 이루고 비로 내려 샘물이 된다는 이치를 깨달으면, 그것도 진짜 시작과 끝이라고 볼 수는 없다.

시간이 지나면 심각한 산성비 오염으로 인해 계곡의 첫 샘물이 오히려 가장 더러운 물이 될 수도 있다. 마치 심장은 가장 깨끗한 피와 더러운 피가 만나는 곳인 것처럼 말이다. 그래서 동양의 자연관은 '창조'니 '종말'이니 하는 직선적인 개념이 아니라 돌고 도는 '윤회'의 이치로 설명된다.

모든 것은 이와 같이 연관되어 있다. 석가모니 부처님은 바로 이것을 깨달은 것이다. 사물은 단순한 개체의 집합이 아니라 연관된 하나의 총체라는 것이다. 손가락을 보면 하나하나 떨어져 보이지만 그것은 손에 연결되어 있는 하나다. 그리고 왼 손과 오른 손은 서로 다른 개체가 아니라 몸에 연결되어 있는 하나다.

우리는 살기 위해 경쟁하고 있다. 내가 살기 위해서는 너를 죽이지 않을 수 없고 내가 이익을 보기 위해서는 다른 사람에게 손해를 끼치지 않을 수 없다. 그래서 다른 사람의 불행 위에 자신의 행복을 쌓고 있는 것이다. 그러나 그것은 마치 엄지손가락이 살기 위해 검지를 죽이는 것과 같아 자신에게도 커다란 비극이다.

경쟁과 대립은 내가 승리하기 위해 다른 사람과 자연을 파괴하고 죽여야 한다는 생각에서 생겨난다. 우리가 접하는 사상·과학·학문은 이러한 논리를 전제로 하고 있고, 또 이러한 논리를 강화하고 있다. 종교도 마찬가지다. 어떻게 하면 승리하느냐는 경쟁논리에 편승하고 대립과 갈등을 일으킨다.

부처님의 고뇌는 바로 여기에서 시작되었다. 그는 어느 날 뙤약볕에서 땀을 흘리며 일하는 농부를 보았다. 대단히 고통스러워 보였다. 그런데 그 농부의 채찍을 맞고 일하는 소와 농부의 쟁기질에 잘려나가는 벌레, 그리고 그 벌레를 쪼아먹는 새를 보고 엄청난 충격을 받았다. 그 후 싯다르타는 고뇌에 빠졌다.

"왜 모든 생명이 함께 행복할 수 없을까?"

이 고뇌를 시작으로 싯다르타는 왕궁을 버리고 출가하여 깨달음을 얻고 부처가 되었다. 모든 문제는 서로가 별개의 사물이라는 사고에서 비롯되었다는 것을 깨달은 것이다. 그 고정관념을 깨고 돌아보니 새로운 세계가 열린 것이다.

상호연관된 존재라면 네가 죽어야 내가 산다는 논리는 나올 수 없다. 부처님께서 깨달으신 내용이란 '이것이 있으므로 저것이 있고, 이것이 없으면 저것도 없다. 이것이 생기면 저것도 생기고, 이것이 멸하면 저것도 멸한다'는 연기법이다.

불생불멸의 이치

남편이 없으면 부인은 없다. 남편이라는 이름도 마찬가지다. 또한 수소와 산소가 연관을 맺어 물이 된다. 이와 같이 모든 것은 연관되어 존재한다. 그러나 사람들은 그 연관의 고리를 보지 못한다. 연관되어 있지 않고, 단절되어 보이는 것은 사람의 의식이 그렇게 생각할 뿐, 실제 존재가 그러한 것은 아니다. 사람들이 연관의 고리를 보지 못하는 이유는 첫째, 공간적으로 좁게 보고, 둘째, 시간적으로 순간적 관찰을 통해 본 현상을 전체의 모습으로 착각하기 때문이다.

예를 들어 5개의 구슬을 갖고 노는 아이가 있는데, 그 구슬 가운데 하나는 얼음으로 만든 것이라 하자.

5개의 구슬을 갖고 놀던 아이가 잠시 다른 곳에 갔다 와보니 4개의 구슬만 보이고 얼음구슬은 녹고 물만 남아 있었다. 아이는 구슬이 없어지고, 물이 생겼다고 생각할 것이다. 그러나 얼음구슬이 녹는 과정 전체를 본 사람은 없어지거나 생겼다고 생각하지 않는다. 단지 변했을 뿐이라고 알 것이다. 얼음의 구조에서 물의 구조로 연관관계가 변했을 뿐이다.

불교에서는 생기고 없어졌다고 생각하는 것을 생멸관(生滅觀)이라고 한다. 그러나 존재의 실상은 연관이 변할 뿐 사라지는 것도 아니고 생기는 것도 아니다. 불교에서 말하는 불생불멸(不生不滅)이라는 것은 바로 이런 이치를 말하고 있다. 불교뿐 아니라 동양의 전통적 세계관에서는 '창조되었다, 소멸했다, 생성되었다'라는 개념이 없다.

서양의 세계관과 동양의 세계관은 다음과 같은 차이가 있다. 예를 들어 서양의 세계관에 따른 병의 치료란 육신의 병든 부분만 고치고, 잘라서 바꾸면 된다는 입장이다. 그러나 동양적 사고에서 병이란 몸 전체의 균형이 파괴되고 어그러진 상태, 조화가 깨져 발생한 문제라고 생각한다. 동양의 의사는 이러한 조화가 깨지고 균형이 어그러진 것을 바로 잡는 것으로 병을 치료한다.

다원적 자연관과 생태주의적 자연관

연못이 하나 있다. 그 속에 물벌레와 개구리, 뱀 등이 하나의 생태계를 이루고 있다. 그런데 개구리를 중심으로 보면 물벌레는 많을수록 좋고, 뱀은 적을수록 좋다고 생각할 것이다. 따라서 누군가 뱀이라는 존재를 죽여 위협만 없애준다면 개구리는 이 연못에서 천년만년 행복하게 살 것이라 생각할 것이다. 그리고 실제로 뱀이 죽으면 개구리는 급격하게 증가할 것이다.

그렇게 되면 물벌레를 많이 잡아먹게 되고, 그렇게 시간이 흘러 잡아먹을 물벌레가 적어지면 결국 개구리도 모두 죽게 될 것이다. 이렇게 보면 뱀의 존재가 실은 개구리를 살게 해 주는 존재임을 알 수 있다.

불교에서는 물벌레, 개구리, 뱀을 독립된 생명으로 보지 않고 모두가 한 덩어리의 생명으로 본다. 그래서 그 동물들 간의 조화와 균형을 생각한다. 개구리가 생존할 수 있는 근원은 물벌레만이 아니라 뱀에게도 있다. 따라서 개구리에게는 뱀도 없어져서는 안 될 존재이며, 뱀, 개구리, 물벌레 등이 서로를 살리는 존재로 파악된다. 불교의 가르침 중 생명을 함부로 죽이지 말라고 하는 이유도 그와 연관되어 있다.

그러나 서구적 개념은 개별 생명의 입장에서 사물을 바라보고, 생존을 위해 투쟁하며 경쟁하는 것을 자연계의 보편적 이치로 규정한다. 이것은 다윈니즘의 영향이 크다. 다윈은 약육강식, 자연도태, 적자생존이 자연계의 법칙이라고 했다. 자연의 이치가 그러하기 때문에 산업사회가 약육강식의 논리로 보편화된 것 또한 자연스러운 일이라고 판단한 것이다. 그러나 그 논리는 개체와 개체의 일 대 일 대응이라는 부분적 관계에서는 맞을지 모르지만, 생태계 전체의 근본 원리는 상호의존, 공생, 상호연관과 보완의 측면이 훨씬 강하다.

중중첩첩 연관된 존재

바람이 불어오면 살랑대는 나뭇가지를 보라. 이 나무에는 수십만 장의 나뭇잎이 붙어 있다. 이쪽 가지의 나뭇잎이 떨어지는 것과 저쪽 가지의 나뭇잎이 떨어지는 것이 별개라고 보여지지만 그것은 줄기로 연결되어 있고 그 줄기는 다시 뿌리로 해서 땅과 연결되어 있다. 땅은 고체고 그 속의 물은 액체다. 고체와 액체를 연결하는 것이 바로 뿌리다.

그러나 그것만일까? 나무를 비닐로 씌우면 살 수 없을 것이다.

이것은 잎을 통해 공기와 연관되어 있기 때문이다. 또 검은 천으로 씌워도 살 수 없다. 나무는 또한 태양과 연관되어 있기 때문이다. 그것만이 아니다. 그 나무는 또한 심은 사람이나 씨앗을 날리게 만든 바람과도 연관되어 있다. 이렇게 따지고 들어가 보면 나무는 수없이 많은 것과 연관되어 있음을 알 수 있다.

우리 몸은 입을 통해 음식물을 먹는다. 코로 숨을 쉬고, 귀로 듣고, 눈을 통해 보고, 뇌를 통해 생각한다. 입은 고체와 액체를 연결하고, 코는 기체를 연결한다. 또 귀는 장파를 연결하고, 눈은 단파를 연결하고, 뇌는 극초단파를 연결한다.

뜰의 나무가 만들어낸 산소를 마시며 나는 숨을 쉰다. 그리고 그 앞을 흐르는 샘물을 마시고 살아간다. 내 몸의 70%는 그런 물이다. 또 땅에서 만들어진 채소와 음식을 먹고 살아가며, 그 채소는 비와 바람, 태양과 땅 속의 작은 벌레, 똥과 나무 썩은 것 등 많은 것의 힘을 받고 살고 있다. 그것을 다시 내가 먹음으로써 살아가며, 죽어서는 다시 그 땅으로 돌아간다. 이렇게 모든 존재는 중중첩첩 연관되어 있다.

이것이 불교에서 말하는 중중무진연기(重重無盡緣起)다.

일중일체다중일 (一中一切多中一)

일즉일체다즉일 (一卽一切多卽一)

일미진중함시방 (一微塵中含十方)

일체진중역여시 (一切塵中亦如是)

무량원겁즉일념 (無量遠劫卽一念)

일념즉시무량겁 (一念卽時無量劫)

하나 가운데 일체 있고 많은 가운데 하나 있는지라,

하나가 곧 일체요, 많은 것이 곧 하나일세.

하나의 티끌 안에 시방세계가 들어 있고,

일체의 티끌 무더기도 또한 이와 같네.

영겁의 시간이 곧 한순간이요,

한순간이 곧 영겁의 시간이라.

의상대사의 <법성게(法性偈)> 중에서

모든 분쟁과 갈등의 원인인 개체주의

오늘날 사회적 갈등과 분쟁, 환경파괴 등 모든 문제는 자기 자신, 자기 가족, 자기 민족, 인류만 생각하는 개체 중심의 사고에서 비롯된 것이다. 부부관계의 갈등이 자신의 욕구를 상대에게 일방적으로 강요하려고 해서 발생하는 것처럼, 인간과 인간의 갈등과 국가간의 전쟁 또한 마찬가지다.

인간은 자연과 긴밀한 연관 속에 존재한다. 따라서 그 연관을 끊으면 고통이 오게 된다. 그러나 우리가 그 고통을 느끼는 것은 당장 알 수 있는 것도 있지만 오랜 세월이 지나야 발생하는 것도 있다. 잎을 자르면 금방 시들지만, 뿌리를 자르면 하루 정도는 잎이 싱싱하게 버티는 것처럼. 환경문제는 당장의 고통을 느끼지 못하기 때문에 절박감을 잘 느끼지 못하는 것이 또한 문제다.

불교에서는 환경문제란 잘못된 가치관과 윤리의식에서 비롯되었다고 본다. 한마디로 세계를 잘못 보고 있기 때문에 발생한 문제라는 것이다. 그 가운데 제일 먼저 문제가 되는 것은 인간 중심적 사고다. 인간 중심적 사고는 지구 안에서도 특히 인간만 유일하고 특별하다는 생각, 또한 인간 중에서도 백인 중심적 사고로 이어진다. 자기 종교, 자기 나라, 자기 민족, 자기 가족 중심으로 사고하는 것이다.

이러한 사고가 인류학을 약 100년 정도 지체시켰다. 인류의 시원이 아프리카 동부의 탕카니카 호수 근처라는 사실을 백인들은 받아들일 수 없었던 것이다. 자신들의 삶이 아프리카나 동남아시아, 폴리네시아 등의 원주민보다 우월해야 한다는 사고 때문에 사실을 받아들일 수 없었고, 그로 인해 학문의 발달을 지체시킨 것이다.

또 지구 중심적 사고가 갖는 문제다. 예전에 화성과 목성의 위성, 그리고 우주밖에 생명이 있다는 소식이 발표되어 세계를 흥분시킨 적이 있다. 그러나 그것은 동양적 가치관으로 보면 너무도 당연한 것이다. 이 지구에 사람이 아닌 식물과 동물도 사는 것처럼, 지구도 우주의 수억 개의 별 중 한 혹성일 뿐이며, 지구만 생명체가 사는 유일한 혹성이라고는 할 수 없다.

환경문제를 통해 깨달은 진정한 윤리는 네 가지로 정리해 볼 수 있다. 첫째는 지역이나 민족에 국한한 사고에서 전지구적인 사고로 확장되어야 한다. 둘째는 인간만이 중요하다는 생각에서 전생물과 자연의 조화를 먼저 생각해야 한다. 셋째는 현재 중심의 사고에서 미래지향적 사고로, 나아가 과거와 현재, 미래를 동시에 볼 수 있는 차원으로 확대되어야 한다. 그리고 마지막으로 물질적 풍요뿐만 아니라 정신적 세계에 좀더 높은 가치를 두는 윤리로 발전되어야 한다. 이것은 존재의 본질과 삶의 바른 가치를 깨달은 것에 바탕한 것으로, 환경문제 자체만을 위한 것이 아니다.

환경문제는 단순하지 않다. 기술개발과 경제개발로는 위기가 오는 시기를 연장할 수는 있지만 환경문제를 근본적으로 해결할 수 없다. 환경문제의 해결은 철학과 윤리, 사상과 모든 가치가 한 꺼번에 바뀌어야만 가능하다.

가난한 나라가 우리를 살리고 있다

우리는 한국불교환경교육원의 활동 외에 인도의 한 불가촉 천민(untouchable) 마을에서 약 5년에 걸쳐 기아와 질병과 문맹퇴치를 위한 국제봉사사업을 펼치고 있다. 그 과정에서 나도 콜레라에 걸린 적이 있다. 콜레라로 동네 사람 몇백 명이 한꺼번에 죽을 위험에 처한 경우가 있었다. AIDS 같은 병도 서구보다 아프리카에서는 훨씬 많은 사람에게 감염되어 있다. 그러나 그들에게 위협적인 것은 AIDS나 암이 아니다. 콜레라나 페스트 등의 전염병은 한번 휩쓸고 지나가면 수천 명이 죽는 심각한 질병이다.

그러나 AIDS나 암은 당장 죽지는 않기 때문이다. 최소한 2-3년 정도 사는 경우가 많다. 그들에게는 당장 죽어가는 병이 더 위협적인 것이다. 여기에 제1세계와 제3세계의 인식 차이가 나타난다.

인도에서는 막노동하는 어른의 일당이 20루피다. 우리 나라

돈으로 500원이다. 이것으로 한 가족이 먹고 산다. 병이 들어도 간단한 치료밖에 할 수 없다. 우리가 활동하고 있는 둥게스리는 부처님께서 6년간 고행하신 곳이다. 그곳 불가촉 천민들의 가까운 세 마을에는 약 1,300명이 살고 있는데 초등학교를 졸업한 사람이 2명밖에 안 된다. 거의 100% 문맹인 셈이다. 이들의 1인당 국민소득은 50달러 정도로 우리의 소비수준은 그들의 200배가 되는 셈이다. 지금 그들에게는 현실적으로 최소한의 필요를 위한 발전이 필요하다. 그렇다고 만약 그들이 우리처럼 소비수준을 늘리며 살아간다면 이 지구는 어떻게 될까?

중국은 현재 GNP가 300달러라고 한다. 우리는 여기에 비해 약 30배가 넘는다. 또 유럽이나 선진국은 3만 달러로 중국의 약 100배가 넘는다. 그런데 인도는 GNP가 300달러도 안 된다.

중국이나 인도의 통계인구가 12억과 8억이라고 하지만 실제 인구는 약 15억과 10억 정도로 추산된다. 왜냐 하면 인도 인구의 약 20% 정도인 불가촉 천민은 인간으로 취급되지 않아 통계에 제대로 반영되지 않기 때문이다. 만약 이들이 모두 한국의 소비수준처럼 산다면 그것은 지구환경 차원에서 보면 보통 일이 아니다.

이것은 뒤집어 말하면 중국과 인도의 가난한 사람이 그토록 가난하게 살고 있기 때문에 선진국 사람들이 현재와 같은 삶의 방식으로 생존할 수 있다는 말이다. 인류의 80%인 가난한 사람이 존재하기 때문에 우리 나라 사람들이 이렇게 생존하는 것이다.

우리의 이러한 풍요로운 삶이 정당하고 옳은 것이라면 전인류가 모두 그렇게 살아야 할 것이다. 그런데 전인류가 그렇게 소비 수준을 높이면 어떻게 될까? 지구환경은 급속히 파괴되어 버릴 것이다. 이렇게 본다면 우리의 이러한 행복과 풍요는 다른 많은 사람의 가난과 고통 위에서 누리고 있음이 분명해진다.

현재 우리가 풍요를 누리며 생존하는 데는 두 가지가 전제되어 있다.

첫째는 앞에서 이야기 한 것처럼 20%밖에 안 되는 선진국의 인구가 전세계 자원의 82%를 사용하고 있다는 점이다. 이것은 잘 사는 나라가 가난한 나라 사람이 써야 할 자원을 끌어당겨 소비하고 있는 것이다. 그렇게 볼 때 잘 사는 나라는 두 가지 죄업을 짓고 있다. 하나는 가난한 나라의 것을 빼앗아 쓰고 있다는 것이며, 다른 하나는 바로 그들의 가난 덕으로 생존하고 있는데도 자신의 물질적 풍요를 그들에게 돌려주려 하지 않고, 오히려 더욱 수탈하고 있다는 점이다.

둘째는 미래세대가 사용해야 할 자원을 끌어당겨 소비하고 있다는 점이다. 우리가 사용하고 있는 자원은 40억 년의 지구 역사의 누적된 유산인 만큼 우리도 미래세대를 위해 그들이 사용해야 할 자원을 남겨두어야 한다. 그렇지 않으면 시간적으로나 공간적으로 다른 인간이나 생명이 그 피해를 떠맡을 수밖에 없을 것이다.

"미래세대의 가능성을 훼손하지 않는 범위에서 현재의 개발"이라는 지속 가능한 개발(ESSD) 논리가 갖고 있는 허구 중의 하나가 바로 세대간의 평등만을 문제로 할 뿐, 남북간의 평등은 문제삼지 않는다는 데에 있다. 시간적 형평만 생각하고 공간적 평등성에 무관심한 것이 바로 선진국 중심으로 환경문제를 바라보는 한계다. 또 한 국가 내에 국민의 경제적 평등이나 남북간의 평등을 주장하면서 세대간의 평등을 무시한 사회주의 개발이론도 문제가 많다.

환경문제에 대응할 소위 환경기술의 개발은 대단히 중요하다. 그러나 과연 그것이 근본적인 대처가 될 수 있을까? 당장의 오염은 정화될 지 모르지만 원인이 제거되지 않는 한 결국 5년만에 닥칠 문제를 10년 정도로 미뤄놓은 것일 뿐이다. 그렇다고 기술 개발을 완전히 무시하자는 것은 아니다. 근본적인 문제가 해결되거나 일반화될 때까지 우선 더 심각한 사태를 막는 데 필요하기 때문이다.

가난한 나라는 환경문제를 생각도 못 한다. 그들은 굶어죽는 문제의 해결이 우선 시급하다. 너무 살찐 것도 병이지만 너무 마른 것도 병이다. 살찐 사람은 살을 빼야 하는 것처럼, 너무 마른 사람은 적당히 먹어 건강을 회복해야 한다. 우리가 주장하는 것은 무조건 내핍이 아니라 적당한 건강성이다.

선진국들이 환경문제가 정말 심각하다고 느낀다면 하루라도 빨리 이것을 해결하기 위해 자신들의 소비수준을 줄이고, 제3세계의 환경친화적 개발을 도와 주어야 한다. 그것이 제1세계와 제3세계의 형평문제를 생각하는 첫 번째 방법이다.

썩는 것이 아름답다

그렇다면 인간은 존재 자체가 지구환경을 파괴하기 때문에 지구상에서 없어져야 할 존재일까? 그렇지는 않다. 예를 들어 1,000평 정도 땅에 아무것도 없이 풀을 자라게 할 때와 그 풀밭에 소를 한 마리 키울 때와 어느 곳에서 풀이 더 잘 자랄까? 물론 소가 적당히 있을 때다. 마찬가지로 인간도 환경을 파괴만 하는 것은 아니다. 자연계에 인간이 있는 것이 훨씬 자연을 풍요롭게 할 수 있다. 문제는 자연의 재생능력을 벗어날 정도의 소비라든가, 인간 중심의 잘못된 사고로 인해 발생하는 것이다.

자연계에서는 본래 쓰레기란 없다. 자연계에서는 버릴 것이 있다는 사고가 오히려 이상한 것이다. 자연계에는 불필요한 것이 없다. 벽돌이 방에 있으면 쓰레기지만 공사장에 있으면 훌륭한 건축자재가 되고, 냉장고가 부엌에 있으면 훌륭한 가전제품이지만 밭에 있으면 쓰레기가 된다. 어떤 존재가 있어야 할 자리에 있지 못하고, 사용되어야 할 곳에 사용되지 않기 때문에 발생하는 것이 쓰레기 문제다.

쓰레기 중에서도 비닐이나 플라스틱 등의 처리가 큰 골칫거리다. '작은 것이 아름답다'는 말이 있는데 이제는 '썩는 것이 아름답다'는 것을 알아야 한다. 썩지 않게 하려는 것은 인간이 죽지 않으려는 잘못된 욕구에서 비롯된 것이다. 죽음을 두려워하고 그것을 인정하지 않고 피하기 위해 유전자 조작이나 노화를 방지하고 늙지 않겠다고 위험한 연구를 하고 있다. 그러나 그 영구히 쓰겠다는 욕심이 결국 분해되지 않는 쓰레기를 만들고 있으며 그로 인해 피해가 심각한 지경에 이르고 있다. 쓰레기가 올바로 처리되려면 자연상태로 분해하는 것을 의미한다. 그러나 지금의 쓰레기 처리는 단지 일정 지역에 그것들을 모아 쌓아놓는 것을 의미한다. 이것은 쓰레기를 운반해 놓은 것이지 처리한 것이 아니다.

근본적 처방을 위한 인류적 깨달음

부패박테리아가 번식하지 못하는 기술을 개발하여 이익을 보았다고 그것이 좋은 기술은 아니다. 그것은 일면만 본 것이다. 당장 눈앞의 이익이 있다 해도 조금만 길게 살펴보면 분해되지 않는 쓰레기 문제가 커질 것이다. 이와 같이 기술개발은 개별적 문제, 당장의 문제를 해결하는 데 도움이 될 지 모르지만, 다른 측면에서 보면 실제로 더 큰 문제를 발생시킬 때도 있다. 다시 한번 강조하지만 환경문제의 해결은 우리의 가치관, 관념의 변화가 함께 동반될 때 가능하다.

그렇다면 기존의 가치관과 관념을 어떻게 변화시킬 수 있을까? 적게 쓰고 쓰레기가 많이 나오지 않도록 살아야 한다는 계몽만 한다고 가능할까? 아니다. 자기 중심적인 관념을 벗어나 모든 존재의 연관관계를 확연히 깨닫는다면 따로 얘기할 필요가 없다. 지금 이 의자가 어떻게 연관되어 있고, 이것을 만들기 위해 얼마나 많은 사람의 노력과 공덕이 들어갔는지 분명히 인식한다면 책상이든 의자든 음식이든 옷이든 그 하나하나가 그렇게 고마울 수 없을 것이다.

사고의 전환은 바로 개인 삶의 변화로 나타나고 한 사람 한 사람의 변화는 그 사회의 가치관과 생활양식도 바꾸어 놓는다. 그런 사고의 전환은 깨달음을 통해 이루어진다. 불교는 깨달음의 종교이다. 수행을 통해 자기 변화를 일으킨 역사적 사례는 많다. 그래서 우리는 문경에 작은 수련장을 만들어서 '깨달음의 장'이라는 이름으로 몇 가지 교육적 실험을 시도하고 있다. 이 수련을 통해 많은 사람들이 세계를 바라보는 인식의 총체적 변화를 일으키는 것을 경험하고 있다.

집착을 내려놓으면 보이는 깨달음의 세계

이제 그런 깨달음의 시각에서 과연 우리가 잘 살고 있는가 하는 것에 대한 생각을 다시 해 봐야 한다. 기존 문명의 흐름에 갇혀 사물을 보면 잘 먹고 잘 살고 풍요를 누리는 것이 대단해 보이지만, 이러한 관념을 내려놓고 한 발 물러서서 보면 대단한 것이 아니라고 느껴질 것이다. 그렇게 바라보게 될 때 사사로운 이해관계에 얽매이지 않고 편하게 살 수 있다. 이해관계를 떠나서 사물을 바라보고 살아가면 아무것도 못할 것 같지만 오히려 엄청난 일을 할 수 있다.

무엇이든 하나에 사로잡혀 집착하면 어떤 일이든 죽고 사는 문제가 된다. 그러나 꿈에서 뱀에 물려 허겁지겁하지만 깨고 보면 아무것도 아니듯이. 일단 깨어나 내려놓으면 아무 문제도 아니다.

지구에서 사는 사람이 앞으로만 나아가 끝까지 가면 결국 자기의 뒤통수로 돌아올 것이다. 그것을 알기 위해서 굳이 지구를 돌 필요는 없다. 그냥 뒤만 돌아보면 그만이다. 마찬가지로 엄청나게 어려운 문제도 삶의 방향을 돌려 다시 관찰하면 고민할 것도 없이 해결되는 간단한 문제가 된다. 간디는 심각하고 복잡한 문제가 있으면 일주일 정도 단식을 했다고 한다. 마음을 내려놓으면 어떻게 되든 중요한 문제가 아니라는 판단이 들기 때문이다.

지금은 어느 때 보다도 깨달음이 필요한 시기다.

참선은 깨달음을 구하는 훌륭한 방법이다. 그렇게 중요하고 대단한 깨달음의 도구를 많은 사람이 자신의 이기심을 위한 건강이나 치료법 정도로 생각하는 것은 안타까운 일이다. 진정한 깨달음은 자기 고뇌를 해결하고 인류의 문제를 해결하는 것이어야 한다. 명상이라는 것이 현대사회에서 자신의 이해관계를 위해서만 이용되고 있는 것은 명상이 갖고 있는 커다란 의미를 잃게 만드는 것이다.

좀더 나은 사회를 만들기 위하여 인간 스스로 변화되어야 한다. 즉 깨달음의 삶이 필요하다. 그리고 이러한 개인적 깨달음은 사회 속에 구현되어야 완성되는 것이다. 이렇게 진정한 깨달음을 이룬다면 전인류의 문제를 해결하는 방향으로 안목이 열릴 것이다.

생태적 가치관과 생활양식

누가 주인인가

지금까지 환경문제에 대한 많은 논의가 있었는데 오늘은 우리 자신의 안을 들여다보는 내부적 환경, 즉 '내 안의 이야기, 우리 내면의 세계'에 대하여 이야기해 보고자 한다.

나는 지금 여러분에게 강의를 하고 있다. 그렇다면 이 자리의 주인은 과연 누구일까? 강의하는 사람이 주인일까, 아니면 강의를 듣는 사람이 주인일까?

모두가 주인이어야 한다. 여러분은 듣는 사람으로서 주인이 되어야 하고, 나는 말하는 사람으로서 주인이 되어야 한다.

말하는 사람으로서 주인된 자세란 무엇일까?

길거리에 지나가는 사람들을 붙잡고 내 말을 들어달라고 하면 들어줄 리 없다. 내 얘기를 들어 줄 사람들을 모아 놓고 내가 하고 싶은 얘기를 한다면 내 이야기를 들어주는 사람에 대해 고마운 생각이 들 것이다. 그렇게 생각하면 내가 이 시간의 주인인 것이다. 또한 내 이야기를 들어주는 것이 고맙기 때문에 나도 여러분에게 무엇인가 보답해 주고 싶은 마음이 생긴다. 마치 길가는 사람을 붙잡아 만 원씩을 주며 내 이야기를 듣게 한다면, 나는 그 시간을 최대한 준비하고 활용하여 말할 것이다. 또 천만 원을 들여 이 강의 시간을 확보했다면 나는 더더욱 그 시간을 혼신의 힘을 들여 최선을 다해 이야기할 것이다. 이때 나는 이 시간의 주인이 된다.

그렇다면 강의를 듣는 여러분이 이 시간의 주인이 되려면 어떻게 해야 할까?

'저 사람이 살아온 삶, 저 사람의 생각과 경험을 천만 원을 주고라도 들어야겠다'는 생각이면 조금이라도 얘기를 더 듣고 싶은 마음이 생길 것이다. 더 물어 보고 싶은 마음이 절절할수록 이 시간의 주인은 여러분이 된다.

강사료를 받기 위해 강의를 한다고 생각하면 나는 돈의 노예가 되고, 노동에서 해방되지 못한다. 여러분 또한 억지로 듣고 있다면 그것은 여러분이 이 시간에 종속되어 있으며 강사에게 속박되어 있는 것이다. 내가 돈을 받고자 강의를 한다면 가능하면 강의는 짧게 하고 싶고 돈은 많이 받고 싶겠지만, 내가 돈을 주고 강의를 한다면 가능하면 강의를 오래 하고 싶을 것이다. 또 여러분이 돈을 받고 들어주는 것이라면 듣는 것은 조금만 하고 돈은 많이 받는 것이 좋다.

그러니까 돈을 받고 하는 것은 주인이 아니라 종속되는 것이다. 달리 표현하면 주고 하면 주체가 되고, 받고 하면 노동이 되는 것이다.

노동에서 해방되는 것은 하루에 몇 시간 노동을 하느냐, 얼마나 쉬운 노동을 하느냐, 얼마나 받고 하느냐에 있는 것이 아니다. 노동으로부터 해방은 내가 노동의 주체가 되는 것, 즉 자발적으로 즐기는 놀이로 전환될 때 가능하다. 24시간 일해도 그것은 놀이며, 돈을 주고 해도 그것은 즐거움이 될 때 노동으로부터 자유로워지는 것이며 해방되는 것이다.

그렇다면 왜 우리는 항상 자유롭지 못하다고 느낄까? 근본적인 이유는 얻으려는 생각이 있기 때문이다. 무엇인가를 얻으려는 생각이 있는 한 우리는 노예의 상태, 종의 상태에서 벗어나지 못한다. 대부분의 여자들이 항상 남자의 사랑을 받으려고만 하기 때문에 남자에게 종속되는 것이다. 여러분이 부모한테 무엇인가를 얻으려고 하는 동안은 부모한테서 해방되지 못한다. 여러분이 신(神)한테 무엇인가를 얻으려고 하는 순간, 여러분은 신의 종이 된다.

그러나 여러분이 사랑을 주려고 할 때 여러분은 바로 사랑이 된다. 여러분이 누군가에게 베풀 때, 여러분 자신은 신이 된다. 이것이 바로 자기가 주인되는 길이다.

이렇게 어떤 장소, 어떤 시간이든, 또 무슨 일을 하든 그 자리에 어떻게 임하느냐에 따라 주인이 되기도 하고 종이 되기도 한다. 오늘 우리가 이렇게 만난 자리에서도 여러분은 주인으로서 들어야 좋을 것이고, 나는 주인으로서 강의를 해야 좋을 것이다. 나는 강의를 많이 할수록 좋고 여러분은 많이 들을수록 좋고 주인되는 길이니 누구든 먼저 그만 하자고 하는 사람은 종이 되는 것이다.

주지 않고 얻으려고만 하는 삶

인생을 살아가는 모습을 세 가지로 나누어 볼 수 있다.

첫 번째가 불교 용어로 말하자면 '범부중생(凡夫衆生)'의 인생이다. 여기서 범부란 '어리석은 사람'이다. 어리석은 사람은 누구일까? 얻으려고만 하는 사람이 가장 어리석은 사람이다. 오직 얻으려고만 하는 사람에게 인생이란 괴로움과 속박뿐이다. 많은 사람들이 이렇게 주지 않고 얻으려고만 한다. 그런데 그것이 가능할까? 가능하다면 괴롭지 않을 수도 있다.

우리의 마음을 한번 살펴보자. 우리가 누군가를 사랑할 때 어떻게 행동하는가? 가능한 한 사랑을 많이 받으려고 한다. 나는 그 사람 말을 조금 이해해 줘도 되지만 그 사람은 내 말을 많이 이해해 줘야 하고, 나를 완전히 이해해 주면 가장 좋은 것이다. 직장에서는 또 어떤가? 일은 적게 하고 월급은 많이 받기를 바란다. 공부 안 하고 좋은 대학가고 싶고, 나는 못 생겼지만 잘 생긴 사람 만나 결혼하고 싶은 등등……

또 우리의 종교관은 어떤가? 우리가 바라는 하나님과 부처님은 어떤 분일까? 내 소원을 들어주는 분, 내 욕심을 이루어 주시는 분, 불가능해 보이는 일을 해 내시는 분이 우리가 생각하는 하나님이고 부처님이다. 아무도 해 줄 수 없는 그런 일을 해 주시는 분을 하나님, 부처님이라고 생각한다.

우리 안에는 이렇게 얻으려는 생각이 많다.

정치인이나 특정한 사람만 욕심이 많다고 나무랄 수 없다. 우리 자신이 현재 대부분 그런 인생을 살기 때문이다.

내가 일은 많이 하고 적게 받겠다든지, 적어도 일한 만큼만 받겠다든지 하면 항상 당당할 수 있다. 여러분이 누군가에게 당당하지 못하다면 거기에는 이유가 있다. 무엇인가 얻을 게 있지 않을까 하는 생각이 내면에 숨어 있기 때문이다. 권력 있는 사람 앞에 가서 당당하지 못하다면 이 사람에게 잘 보여야 무엇인가 이익이 있지 않을까 하는 생각이 잠재해 있기 때문이다. 그렇지 않다면 존경하지도 않으면서 고개를 숙일 이유는 없다.

주지 않고 얻으려는 생각, 우리는 그것이 이루어지면 '복(福)'이 있다고 말한다. 하루 종일 일하고 5만 원 받으면 복이라고 말하지 않는다. 하지만 길 가다가 5만 원을 주우면 재수 좋다고 이야기한다. 날마다 하루에 스무 시간 공부하고 입시에 붙으면 입시 운이 있다고 말하지 않는다. 날마다 놀았는데도 합격해야 복이 있다고 생각한다.

그러니까 '복(福)'은 '주지는 않고 얻겠다, 하지는 않고 얻겠다'는 심보에 맞추는 것이다. 따라서 설날 아침 부모님께 "복 많이 받으세요" 하고 부모는 자식한테 "그래, 너도 복 많이 받아라" 하는 것을 바꿔 말하면 "부모님, 주는 것보다 더 많이 받기만 하세요"이며 "그래, 너도 투자하는 것보다 많이 얻기만 해라" 하는 것이다. 부처님한테 복을 비는 것은 "부처님, 항상 받게만 해 주세요" 하는 것이다. 그런데 그것이 과연 가능할까?

삶이 괴로운 것은 무슨 까닭일까?

예를 들어 어떤 쥐가 쥐약을 먹었다고 하자. 이것을 어떻게 볼 것인가? 이것을 한번 네 가지로 구분해 보자.

① 하나님이 벌을 내리셨다.

② 전생에 죄를 많이 지었다.

③ 사주팔자가 쥐약을 먹도록 되어 있다.

④ 쥐약인지 모르고 먹었다.

과연 정답은 무엇일까? 여러분 모두 ④번이라 대답할 것이다. 우리 모두 이렇게 잘 알고 있다. 어떤 사람이 결혼해서 사느니 못 사느니, 이혼을 하느니 마느니 번민하고 갈등하는 이유가 무엇일까? '하나님을 믿지 않아서?' 혹은 '전생에 죄가 많아서?' '사주팔자에 이혼하라고 되어 있어서?' 아니면 '몰라서?' 그렇다. 몰라서 그랬던 것이다. 이것을 가리켜 고통을 스스로 자초한다고 말한다. 쥐가 쥐약을 먹을 때는 쥐가 죄를 지어서가 아니라 그것 먹으면 좋은 줄 알고 먹었는데 죽게 된 것이다. 처음 목적과 완전히 정반대가 되어버린 것이다. 그런데 왜 이런 일이 벌어졌을까? 그것이 쥐약인 줄 몰라서, 잘못 알아서 그랬던 것이다.

우리 자신의 삶은 어떤지 한번 살펴보자. '저 사람하고 결혼하면 얼마나 좋을까? 잘 생겼고, 학벌 좋고, 아는 것도 많고, 돈도 많고, 사회적 지위도 높고……' 그런데 '나는 키도 작고, 얼굴도 못 생겼고, 학벌도 안 좋고, 성질도 나쁘고……' 이런 사람이 그렇게 바라던 남자 또는 그렇게 바라던 여자를 만나게 되면 '복 터진' 것이다.

그런데 결혼을 하고 나면 과연 즐겁기만 할까? 행복하지만은 않다. 왜 그럴까? 그렇게 잘 난 남자가 나같이 못 난 여자만 보고 살까? 더 잘 난 여자에게 관심을 갖지 않을까? 또 나만 그 남자 보고 살까? 나보다 더 잘 난 다른 여자들도 그 남자한테 관심이 있지 않을까? 이렇게 의심이 생기고 질투심이 생기는 것이다. 내가 복이 터질수록, 내가 못 날수록 그리고 상대방이 잘 날수록 그런 갈등이 일어날 확률은 높아진다. 죽을 때까지 이런 갈등에 끄달리며 살 수밖에 없고 고통을 받을 수밖에 없다. 한마디로 그런 고통은 필연적이라는 것이다.

예를 들어 쥐가 쥐약 먹을 때는 어떤가? 쥐가 굶주려 몇 날 며칠 쓰레기통을 아무리 뒤져도 먹을 것을 찾지 못하다가 어느 날 색깔도 좋고 모양도 좋은 먹음직한 것을 발견했다고 해 보자.

그런데 평상시 같으면 '이것은 내 것이 아니야' 하고 그냥 지나칠 텐데 한순간 잘못 생각하여 '이 쥐를 알아보고 누군가 맛있는 음식을 주는구나'라고 하고 쥐약 묻은 줄도 모르고 덥석 먹는 것이다.

마찬가지로 잘 생긴 사람이 자기에게 데이트 신청을 하면 '나하고 상관없는 일'이라고 생각하기 보다 '드디어 나한테 왕자님이 나타났구나. 기다린 보람이 있구나!' 이렇게 생각한다. 우리가 행복하지 못한 것은 상대방이 나한테 고통을 주기보다는 자신의 내부에 그러한 허황된 욕심이 차 있어 그로 인해 고통에 빠지는 것이다.

이와 같이 우리의 인생이 고통스러운 것은 누가 주는 것도 아니고, 신이 저주를 내린 것도 아니고, 다른 사람 때문에 혹은 전생에 죄를 많이 지어서 그런 것도 아니다. 받으려고만 하는 어리석은 마음 때문에 스스로 괴로울 수밖에 없는 것이다.

잘 모르는 사람이라도 2-3일 정도 같이 지내보면 이 사람이 어떤 여자와 또는 어떤 남자와 결혼하고 또 그 삶이 어떻게 될까 대충 짐작할 수 있다. 예를 들어 어떤 사람이 나하고 앉아 있는데 한 시간에 담배를 10개피 정도 피웠다고 하자. 그러면 '저 친구 어제 담배 피웠겠다. 그리고 내일도 담배 피울 거야' 쉽게 알 수 있는 것과 같다. 그것은 공부해서 아는 것도 아니고 그냥 알 수 있는 일이다.

그런 것처럼 여러분 사고의 흐름, 그 생각을 관찰해 보면 앞으로 어떤 일이 벌어질 지 대강 알 수 있다. 그런데 쥐가 쥐약을 먹으려는 것과 같은 인생을 선택하려는 것이 보여 '그것은 네 것이 아냐, 먹지 마' 하고 소리치면 대부분은 '왜 그 맛있는 것을 못 먹게 하냐. 내 인생은 내가 알아서 할 테니 내버려 둬' 라고 말한다.

또 남녀가 내게 와서 결혼하겠다고 말했을 때 내가 '두 사람은 안 맞아요'라고 이야기하면 '저 스님이 우리를 떼 놓으려고 하는 게 아니야?'라고 생각한다. 그것은 내가 결혼을 반대해서도 아니고 전생의 인연이 안 맞다는 그런 뜻도 아니다. 그저 두 사람의 요구가 서로 안 맞다는 것이다.

예를 들어 여자는 자기가 30쯤 주고 남자한테 70쯤 받으려 하고, 또 남자도 여자한테 30쯤 주고 70쯤 받으려 한다. 그런 남녀가 만나면 어떻게 될까? 70을 기대하는데 30밖에 받지 못하니 항상 부족하다고 할 수밖에 없고, 30정도 줄 마음밖에 없는데 70쯤 달라고 자꾸 보채니 서로가 고달플 뿐이다.

그래서 조금 살아보면 괜히 결혼했다 싶고, 얻으려고 했는데 조금밖에 안 주니 손해본 것이라고 생각한다. 이 세상을 고해(苦海)라고 하고, 사랑은 눈물의 씨앗이라고 하는 것은 바로 이런 연유에서다. 이렇게 '범부중생'의 길을 걸을 때 괴로운 결과가 오는 것은 필연적이다.

우리가 흔히 사랑이라 하는 것도 알고 보면 서로를 위하는 참된 사랑이 아니라 얻으려고만 하는 범부중생의 욕구 가운데 하나일 뿐이다.

주는 만큼 받겠다는 삶

두 번째 인생에 대해 생각해 보자. '받고 싶으면 베풀어라, 주는 것이 있어야 받는 것이 있고, 가는 것이 있어야 오는 것이 있다.' 오늘날 합리적인 경영은 바로 이런 사고방식을 기반으로 하고 그것을 '현명하다'고 본다.

결혼을 하려고 할 때, 내가 상대에게 요구하는 것이 있는 만큼 상대도 나에게 요구하는 것이 있게 마련이다. 일반적으로 결혼하는 사람들을 보면 여자는 경제적으로 어려우니까 결혼해서 남자에게 의지해야겠다는 심리가 크고, 남자는 돈은 벌 수 있지만 밥해 먹고 빨래하는 게 힘드니까 이것을 누가 대신해 주었으면 하는 생각으로 결혼한다. 그렇기 때문에 남자는 여자가 그것을 해 주는 것이 당연하다고 생각한다. 그러니까 결혼 후 밥과 빨래를 해 주지 않으면 뭐 하려고 결혼했냐는 생각을 한다.

또 여자는 남자가 경제적으로 책임을 져 줄 것으로 기대하고 결혼했는데 남자가 돈을 못 번다면 역시 잘못 결혼했다고 생각한다. 그래서 남자가 경제적으로 능력이 없으면 여자들 불만이 많아진다. 가장으로서 역할을 못 한다고 생각하기 때문이다.

자세히 살펴보면 이 두 번째 인생방식도 첫 번째인 '범부중생'의 어리석음과 크게 다를 바 없다. 주는 만큼 받겠다는 생각 역시 근본적인 목적은 받으려는 데 있다. 그러니까 첫 번째 사고방식이나 두 번째 사고방식이나 근본은 모두 욕심의 산물이라는 점에서 같다. 이런 사고방식이 개인을 괴롭히고 가정과 부부 사이의 갈등을 불러오고, 결국 집단 사이의 갈등, 사회의 각종 모순의 근원이 된다.

환경문제의 근원 역시 이러한 사고방식에 기인한다.

자연에 대한 우리의 태도를 보자. 자연을 위해 무엇인가 베풀어주고 보호하겠다는 생각은 하지 않는다. 얻기만 하려 하고, 쓰기만 하려고 하고, 또한 못 쓰는 것은 모두 갖다 버릴 뿐이다.

우리 사는 모습을 가만히 관찰해 보면 결국 많이 벌어 많이 쓰는 것이 행복이라고 생각한다는 점이다. 그래서 소비수준이 자꾸 높아가는 것이 발전이라고 생각한다. 콜라 1인당 몇 병, 전기 1인당 몇 kw, 병상(病床)도 1인당 몇 개, 심지어 페니실린 같은 약품도 1인당 얼마나 소비했느냐고 하는 소비수준이 모든 삶의 척도가 되고 많이 쓰는 것이 잘 사는 삶이라 생각한다. 모든 사람이 그저 많이 소비하고 풍요롭게 쓰기 위해 분주하게 움직인다.

지금 온 나라의 경제가 어렵다고 야단이다. 그래서 본의 아니게 소비수준을 줄이지 않으면 안 된다. 나에게 얼마 전 한 언론사에서 새해를 맞이하여 독자를 위한 희망적인 얘기를 해 달라고 찾아왔다. 그래서 나는 '환경운동의 입장에서 볼 때 소비수준이 줄어든다는 것은 자연환경에 좋은 일이다. 생태계가 계속 유지하려면 지금보다 더 소비수준을 줄여야 한다. 그렇지 않으면 전지구적인 생태계 위기가 닥쳐올 것이다'라고 말했다. 자발적으로 소비수준을 줄이고 작게 쓴다는 것은 자유롭고 주인다운 태도이다. 그런데 많이 쓰고 싶은데 없어서 할 수 없이 줄여 쓰는 것은 고통이 된다.

개인의 정신적인 고뇌, 사회 각 계층과 지역간의 갈등, 인간 사이의 갈등, 자연과의 갈등은 왜 일어나는 것일까? 이 역시 많이 가지려고 하는 데서 발생하는 것이다. 재물이든 권력이든 사랑이든 그저 많이 움켜쥐고자 하는 데서 갈등이 생긴다.

오늘날 우리 사회의 철학은 하나밖에 없다.

"많이 쓰는 것이 행복이다"는 것이다. 이 '소비철학'이 바로 유일한 가르침이 되고 있다. 이것이 우리의 정신적인 모든 가치를 지배하고 있다. 하나님도 부처님도 여기에 종속되어 있다. 오늘날 부처님과 하나님이 하는 일이 과연 무엇인가? 일은 적게 하고 많이 쓰고 싶은데 그 욕구를 성취하지 못한 사람들, 경쟁에서 뒤떨어진 사람들, 권력자에게 돈을 갖다주는 부정 부패를 통해서조차 해결할 수 없는 요구가 있는 사람들이 가는 곳이 바로 지금의 종교가 되어버렸다.

뇌물의 경우 1억 대출 받으려면 천만 원쯤 바치지만, 절에 천만 원 낼 때는 1억을 바라고 내는 것이 아니라 천억 바라고 내는 경우가 많다. 그래도 대학에 부정 입학시키려면 최소한 90점쯤 받은 사람이 95점쯤으로 하여 합격을 부탁한다지만, 부처님이나 하나님한테 빌 때는 빵점짜리를 100점 맞게 해 달라고 빈다. 소위 '기적'을 원하는 심보가 더욱 크기 때문이다.

종교가 환경문제 해결, 사회 갈등 해결, 인간의 심성을 정화시키는 여러 가지 역할을 담당해야 하는데 실제 현대 소비사회에서는 별 도움이 되지 못하고 있다. 오늘 우리 사회에는 돈이며 물신(物神)이라는 오직 하나의 종교, 유일 신앙만 존재할 뿐 진정한 의미의 종교는 힘을 못 쓰고 있다.

나는 불교 신자냐 기독교 신자냐 하는 것은 그렇게 중요하게 생각하지 않는다.

사람들이 나에게 왜 불교냐 기독교냐를 중요하게 생각지 않느냐고 묻는다. 그러면 나는 "우리는 다 같은 유일신교"라고 말한다. 불교 안에서도 종파가 다르고 같은 종파 안에서도 본사가 다르고 다니는 절이 다르듯, 같은 '소비종교'라는 안에서도 모양만 조금 다를 뿐 방식은 모두 엇비슷하다. 옷 모양만 바꾸고 단어만 바꾸면 똑같아진다.

이런 상황이니 어느 게 더 낫다 못하다 가릴 수 없는 것이 현실이다.

주면서 받지 않는 삶

그런데 이 두 가지 인생 부류와는 차원이 다른 세 번째 부류가 있다. 그것은 '주기는 하고 받지는 않겠다, 받을 생각 없이 주겠다'는 자세로 살아가는 인생이다. 사실 이런 마음으로 살면 괴로울 일이 없다.

괴로움이란 받으려고 할 때 생기는 것이다. 받으려는 마음이 없는 사람은 미워할 일이 없다. 미움이란 원하는 것을 받지 못할 때 생기는 감정이다. 슬픔이라는 것도 무엇인가 잃어버렸기 때문에 생기고 얻으려는데 못 얻어서 슬픈 것이다. 얻을 생각이 없으면 괴로울 일이 없다. 주기만 하겠다는 사람은 얻을 생각이 없으니 항상 자유롭다. 이런 삶이 참으로 주인된 삶이다.

이런 사람들을 '범부'들이 볼 때는 이상한 사람이라고 생각한다.

범부들은 두 번째 사람, 즉 '현명한 사람'을 보면 약간 불편함을 느낀다. 자기가 뭔가 부도덕하게 느껴지기 때문이다. 그런데 이 세 번째 사람은 이해가 되지 않는 사람이다. '받으려는 생각이 없으니 왜 줄까' 하는 생각이 들기 때문이다. 그래서 자기 남편이나 아내, 자식이나 친구가 그런 일을 하면 이상하게 생각하고 말린다. 그러나 자기가 그러한 베품을 받으면 "그 사람 참 좋아, 부처님이 따로 없어, 법없이 살 사람이야"라고 말한다.

'현명한 사람'들은 다른 사람한테 피해를 안 끼치고 자기가 준만큼 받아가므로 범부들은 이런 사람을 존경하지만 좋아하진 않는다. 이 사람하고 있어 봤자 이익볼 일이 없기 때문이다. 하지만 세 번째 사람들에 대해서는 아주 좋아한다. 받지도 않고 주기만 하는 그런 사람하고 있으면 자기가 원하는 것은 모두 이루어지고 얻을 수 있기 때문이다. 나는 주지 않고 받고만 싶은데 그 사람은 주기만 하고 안 받겠다고 하니 서로 딱 들어맞는 것이다.

그래서 범부는 이런 사람을 좋아하며 '성인'이라고 떠받든다. 이렇게 세상 사람들은 모두 성인을 좋아한다. 그런데 자기 가족 중에 누군가 성인이 되겠다고 나서면 모두 말린다. 불교 신자들도 스님을 존경하면서도 자기 아들이 스님 되겠다고 하면 적극적으로 말린다.

이런 인생 유형과 비유해 보면 자연은 과연 어떤 길을 사는 것일까? 자연은 세 번째 유형과 같다고 하겠다. 자연은 우리에게 무엇인가를 주고도 받겠다는 아무런 요구가 없다. 우리가 자연을 파괴했을 때도 자연은 우리에게 아무런 보복을 하지 않는다. 쥐가 쥐약을 먹고 죽는 것은 누군가가 쥐에게 보복을 해서 그런 것이 아니다. 오늘날 환경위기는 우리가 스스로 자연을 파괴함으로써 화를 자초한 것이지 자연의 보복으로 인한 것이 아니다. 우리 입장에서 손해가 되면 피해를 입었다고 생각하기 때문이지 실제 자연에게는 보복한다는 법이 없다. 자연은 우리에게 항상 베풀기만 한다.

언젠가 노동운동을 하는 사람에게 이런 말을 한 적이 있다.

"지금 북한동포들이 아주 어려운 상황에 처해 있는데 굶주리는 북한동포돕기 운동하시는 것이 어떻겠느냐? 여러분은 임금 인상으로 월급이 올라가면 생활이 조금 더 나아지지만, 북한에서는 지금 몇백만이 죽어가고 있다. 단돈 만 원만 내면 한 가족이 죽어가는 것을 살릴 수 있다. 100만 원을 버는 사람에게 있어 1만 원의 임금인상을 요구하는 것과 한 달에 1만 원이 없어 굶주리는 북한의 노동자에 대한 입장은 어떠해야 할까? 진정 이럴 때 우리가 생각하는 정의라는 것이 무엇인가. 노동자가 역사의 정의와 진보를 앞당기는 사람이라면 내 돈의 일부를 과감히 빼서 북한동포돕기를 해야 한다."

서구사회의 노동자가 왜 제3세계 노동자의 이익에 대하여는 무관심하고 또 환경운동에 동참하지 않는 것은 바로 이익을 기반으로 요구할 뿐, 보편적 정의를 주장하지 못하고 있기 때문이다.

지구적인 보편성, 적게 소비하는 작은 삶

얼마 전 대만에서 핵폐기물을 북한으로 수출하는 것에 대하여 모든 환경단체가 반대했다. 그런데 나는 그런 반대가 잘못됐다고 말했다. 왜냐 하면 핵폐기물을 수입하여 얻는 이익을 돈으로 계산해 보니 북한동포 삼백만 명 정도가 1년 동안 먹고 살 수 있는 옥수수 값이었다. 당장 식량이 없어 사흘만에 죽을 사람의 입장에서는 방사능으로 삼 년만에 죽는다는 것은 고려의 여지가 없는 문제기 때문이다.

아프리카 사람에게 AIDS는 병 축에도 끼지 못하는 것과 같은 이치다. 이질과 콜레라로 며칠만에 죽는 사람에게 잠복기간이 5년이나 된다는 AIDS가 무슨 큰 병이겠는가? 지금 바로 눈앞에 있는 북한동포들의 삶은 지구상에서 최악의 조건이다. 한 달에 천 원이 없어 온 가족이 굶어죽는 실정이다. 차라리 핵폐기물을 수입하고 그것으로 식량을 살 수 있으면 다행이라고 생각할 수밖에 없다는 뜻이었다.

무조건 한반도에 핵쓰레기가 와서는 안 된다고 주장을 하지 말고 진정 그런 일이 일어나지 않게 하려면 식량 문제의 해결을 위해 함께 노력하면서 반대를 해야 한다. 단순히 환경문제로만 접근하지 말고 휴머니즘이나 민족적 차원의 문제를 함께 고려하여야 한다는 말이다. 그렇지 않고 해상 시위까지 하면서 막아버리면, 환경운동의 성과는 자랑스러울지 몰라도 결국 수십만 명을 죽게 했다는 역사적 책임은 면할 수 없게 된다. 제3세계의 인간 생존의 문제를 선진국의 이슈로 접근해야 한다고 생각되기 때문이다.

진리란 정해져 있는 것이 아니다. 물론 나 역시 북한에 핵폐기물 들어가는 것을 반대한다. 그러나 그것을 반대하는 것보다 더 급한 일은 당장 굶어죽는 사람들을 살리는 일이라고 판단한다. 요즘 나에게 왜 환경운동에 집중하지 않고 북한동포돕기만 하느냐고 묻는 사람들이 있다. 그런데 사람이 수백만 명 굶어죽는 것보다 더한 환경파괴가 어디 있을까? 실제 굶주리는 북한 주민들이 먹을 것을 찾기 위해 온 산을 뒤지기 때문에 나무와 풀이 남아나는 것이 없으며 황폐할 대로 황폐해지고 있다. 오늘날 공기오염이 심해서 숨쉬는 데 불편하다고 하지만 이것은 굶어죽는 일에 비하면 아무것도 아니다.

무엇보다 소비수준을 문제삼지 않는 그 어떤 환경운동도 올바르지 않다. 소비수준을 낮추는 것이 바로 환경운동의 핵심이며, 이렇게 하는 것은 모든 다른 사회운동과 모순이 없다. 단순히 아끼고 저축해서 다음에 쓰자는 것이 아니라 적게 쓰고 남는 것으로 굶어죽는 사람에게 주면 한꺼번에 두 가지 운동이 동시에 진행되는 것이다.

우리 사회에 최저 생활도 영위하지 못하는 이웃이 있다는 것은 모두가 반드시 풀어야 할 과제다.

소비수준을 줄이되 그것이 인간의 최저생계비에 못 미치는 것이어서는 안 된다면 그 최저의 기준을 어디에 두어야 할까? 자기 나라만을 기준으로 해서는 안 된다. 우리 나라 최저 생계비는 인도의 최고 생계비다. 필요(needs)와 욕구의 기준을 잡는 일은 환경운동에서 대단히 중요하다. 그 필요의 기준이 선진국을 기준으로 삼을 때와 가난한 나라를 기준으로 삼을 때와는 큰 차이가 있다. 최저 생계비 산출기준은 당연히 전지구적 수준으로 잡아야 한다. 그것은 우리처럼 산업이 발달된 나라에서는 가난한 사람보다 더 가난한 것이 그 기준이 될 것이다. 그것도 바로 전지구적 사고의 연장이라는 점을 잊어서는 안 된다.

적게 소비하는 것이 곧 인류가 지속 가능하게 생존할 수 있는 조건이라는 점을 다시 한번 강조하고 싶다. 그리고 많이 쓰는 것을 부끄럽게 생각해야 한다. 그것이 아름다운 일이라고 생각하는 가치관으로 변화되어야 운동에도 힘이 붙는다.

생명인식과 환경문제

법륜 스님은 그 동안 불교사상에 근거하여 최근 환경문제에 대해 많은 말씀을 해 왔다. 환경문제를 고민하는 사람들은 불교가 생태위기를 극복하는 좋은 사상이라는 데는 동의하지만, 운동의 구체적인 현장에서 발생하는 모호한 가치판단에 대해 실질적인 도움을 주지 못하고 있는 것도 현실이다.

그래서 그 동안 환경논의 내에 논쟁이 되고 있는 부분에 대해 몇 가지 질의하고 그에 대한 불교적 해답을 듣고자 인터뷰를 마련했다.

대담자 : 유정길 (한국불교환경교육원 사무국장)

환경논의의 쟁점 1

인간 중심성과 만물 평등성

자연 속에서 인간은 생태계의 한 종에 불과한데도 인간 이외의 동물이나 식물을 지배하고 정복해야 할 대상으로 생각해 왔다. 인간이 모든 것의 중심이라고 생각하며 다른 생명에 대한 경외심이 갈수록 흐려지고 있고, 그래서 새로운 위기를 극복하기 위한 실천적인 덕목으로 뭇생명을 인간과 평등하게 생각하는 환경윤리가 중요하게 제기되고 있다.

그러나 이 평등성에 관하여 상당한 논란이 있다. 모든 생명이 평등하다면 바이러스의 목숨과 사람의 목숨이 동

등하다고 보는 것이 아니냐, 과연 그럴 수 있느냐는 반론
이 있을 정도다. 인간 중심으로 사고되어서는 곤란하지만
그렇다고 '모든 동물과 인간이 똑같이 평등할 수는 없지
않느냐'는 것이다. 그렇다면 불살생(不殺生) 계율을 오계
의 첫 번째로 내세우고 있으며 만물의 평등성을 주장하고
있는 불교의 관점에서는 이 문제를 어떻게 정리할 수 있
는가?

한 그루의 나무가 자라는 데는 물과 공기, 햇빛, 흙 등이 있어
야 한다. 나무는 햇빛을 받아 탄소동화작용을 하고 산소를 배출
하여 공기를 정화시키며, 가랑잎을 떨어뜨려 땅을 기름지게 한
다. 또 빗물이 그냥 바위나 모래에 떨어져 사막으로 흐르는 것보
다 숲 사이로 흘러 내려오는 것이 더 더러울 것 같지만 오히려
그렇게 흘러 와야 훨씬 깨끗해진다.

여기서 나무는 단순히 도움을 주고받는 관계가 아니라 물, 공
기, 햇빛, 흙의 연관 속에 있는 존재다.

마찬가지로 '다른 동물보다 더 소중한가, 아니면 평등한가'라
는 것은 단정하여 말할 수 없을 뿐 아니라 '인간이 다른 동물과
같다거나 다르다'고 단정지어 말할 수는 없다. 그것은 인간과 동
물이 별개의 존재가 아니라 서로 연관되어 존재하고 있기 때문

이다. "인간과 동물은 같은 것도 아니고 다른 것도 아니다. 인간과 동물은 같은 것도 있고 다른 것도 있다."

　생물학적으로 보면 인간은 동물의 한 종에 불과하며 정신적 측면에서 보면 인간은 동물과 다르다. 어떤 관점에서 보느냐에 따라 다르다. 그런데 그 관점이라는 것도 곧 인간들의 생각이다. 인간의 생각을 떠나면 무엇이 더 소중하다고도 할 수 없고 평등하다고도 할 수 없다. '인간이 더 소중하다' 또는 '아니다' '인간은 동물과 평등하다'는 것 모두가 인간의 생각이며 관점이다.

　그러므로 먹을 것이 없어 기아에 헤매는 사람은 풀을 뜯어먹어야 하고, 뜯어먹을 풀이 없을 때에는 개라도 잡아먹어야 한다. 이런 행동에 대한 관점은 '살생이다 아니다, 환경파괴다 아니다' 라고 평가하기 이전의 문제다. 설령 환경이 오염된다 하더라도 그것은 자연의 한 현상과 불과하다. 이것이 제 3세계의 환경파괴를 단순히 환경문제로만 볼 수 없는 이유다.

　인간은 행복하게 살기 위해 나무를 베고 땅을 파고 빌딩을 짓고 공장을 세웠다. 그러나 그 결과 나무가 없어지고 홍수가 나고 공기와 흙, 물이 오염되어 마실 것이 없고 각종 음식도 오염되어 생존위기의 상황에 이르게 되었다. 또 찬 음식과 한낮의 더위를 식히기 위해 사용했던 냉장고와 에어컨은 오존층을 파괴시켜 자외선의 피해를 받게되었고, 사람들의 편리를 위해 만든 자동차 배기가스는 지구의 기온을 상승시켰다.

결국 이 모두는 잘 살겠다는 행위 때문에 일어난 결과인 것이다. 인간은 자신이 오염시킨 물을 마심으로써 병들고 그것을 치료하기 위해 또 약을 만든다. 이렇게 인간의 병을 치료하기 위해 소요되는 경비는 물을 오염시키면서 생산한 재화보다 더 많이 든다. 물을 오염시키고 또 그것을 정화시켜 돈을 벌고, 약을 만들어 돈을 버는 것은 오늘날의 자본주의를 유지시키는 기능을 하고 있지만 결국 모두를 죽음으로 몰고 가는 것이다. 이 얼마나 어리석은 일인가! 이것은 인류문명을 발전시키는 것이 아니라 오히려 인류문명을 퇴보시키고 엉뚱하게 재화만 낭비하는 것이다.

세상의 모든 존재는 서로 연관되어 있다. 그런데 개발이라는 미명으로 연관된 것들을 파괴하고, 그래서 우리는 고통을 받게 되었다. 우리가 환경윤리를 중요하게 여기는 것은 생명이 죽어가는 현상 때문이 아니다. 오히려 진정 인간을 위해서다. 몸에 비유하자면 손의 편리를 위해 발을 씻기 귀찮다고 잘라버리면 연결된 한 몸이기 때문에 결국은 자신의 고통으로 돌아오는 것과 같은 이치다.

인간과 동물이 같다거나 다르다는 논쟁은 서로가 긴밀한 연관 속에 있다는 것을 인식하지 못하고 분리된 개별적인 존재인 양 잘못 알고 있기 때문에 일어난다.

흉내와 모방을 통해 발전해 온 인간의 정신작용

자동차를 이루는 온갖 부속품을 하나도 안 빼놓고 한 바구니 모아 놓았다 해서 자동차가 되는 것은 아니다. 부품은 함께 모여져 있지만 그냥 부분의 집합으로 남아 있을 뿐이다.

그렇지만 그것을 일정한 원리에 따라 조립하고 에너지를 넣은 뒤 가동을 할 때는 하나의 덩어리로서 부분의 집합 이상의 제 3의 작동원리가 나온다.

생물도 물질로 이루어져 있지만 단순한 물질과는 다른 생명현상이 나타난다. 또 사람은 생물의 한 종이지만 단순한 생물이 아니라 정신현상이 있는 생물로서 일반 생물과는 다른 존재방식으로 변해 왔다. 그렇다면 정신현상은 과연 사람에게만 있을까? 그렇지는 않다. 정신현상은 근본적으로 학습효과다. 학습효과라는 것은 생물적으로 '선천적인 것이 아니라 후천적인 것이다'는 뜻이다.

예를 들어 동물과 식물의 중간 종이라고 하는 미생물 유글레

나에 레이저광을 쏘아 전기충격을 반복적으로 주면 처음의 반응과는 다르다고 한다. 이런 외적 자극에 의한 학습은 원숭이에 오면 스스로 보고 흉내를 내는 수준까지 나타난다. 흉내를 낼 줄 안다는 것은 학습한다는 것이다. 학습한다는 것은 유전형질에 들어있지 않는 후천적인 행동을 한다는 말이다. 원숭이만 학습하는 것이 아니다. 개도 학습하기 때문에 사람의 말을 좀 알아듣는다. 개가 학습을 못 했다면 그냥 야생의 늑대처럼 있었을 것이다. 뱀 역시 야생에서 자란 것과 사육한 것과는 서로 다르다.

동물이 세상에 나오면서 하는 첫 번째 학습효과는 '각인'작용이다. 특히 태어나서 제일 먼저 받는 인식은 나뭇판에 글을 새기듯 뇌세포에 뚜렷하게 남는다고 한다. 그래서 동물은 어릴 때의 환경과 학습을 중요시한다.

흉내를 잘 내면 원숭이 같다고 하지만 흉내내기로 보면 인간이 월등하다. 사람은 거의 모든 동작을 다른 사람을 흉내내며 살아간다. 아버지와 어머니, 당대의 사회 속에 살고 있는 모든 사람의 흉내를 내고 있다. 또한 아버지는 그 아버지의 흉내를, 할아버지는 그 위의 아버지의 흉내를 내고 살아왔다.

이렇게 보면 사람은 수천 년 동안 인류진화의 역사를 농축하여 흉내를 내고 있다고도 볼 수 있다. 말도 흉내를 통해 배우는 것이고, 웃는 모습과 우는 모양, 음성, 발음, 사고의 패턴도 흉내를 통해 배우게 된다. 사람은 사람을 흉내내면서 사람이 된 것이다.

그런데 모방의 정보가 일정한 용량을 넘어버리면 창조가 시작된다. 창조는 모방의 새로운 작용이라고도 볼 수 있다. 그런 점에서 창조는 결국 모방에서 출발한다고 할 수 있다. 그러니까 모방의 정보가 많아지면 일정한 혼돈이 오고, 이쪽 일부와 저쪽 일부가 뒤섞여 과거에 없던 새로운 결과가 나오게 된다. 그것이 창조다. 그런 식으로 우리 인간에게는 엄청난 정보량이 있고 그것을 그대로 뽑아 사용하는 것 뿐 아니라 여러 가지 정보를 뒤섞어 다양한 제3의 원리를 만들어내는 수준까지 왔다. 이것이 정신현상의 작동이다. 물론 이런 정신현상의 작동이 인간에게만 있다는 것은 아니다.

분리할 수 없는 것의 분리

다시 처음으로 돌아와서 어디서부터가 생물이고 어디서부터가 무생물인가 생각해 보자. 명확하게 분리할 수 있는 정의가 있었으면 좋겠지만 실제로는 구분할 수 없다. 생물과 무생물의 중간이라고 알려져 있는 바이러스, 동물과 식물의 중간이라고 말하는 유글레나 등 생물에서 실제 구분지을 수 없는 점이 많이 발견된다. 이른바 생물이란 것도 물질로부터 변화를 거쳐 넘어온 것이다.

오늘날 알려진 많은 미생물 중에는 생물이라 할 수 없는 물질적 요소로만 이루어진 것도 있고, 반면에 생명이 없다는 어떤 물질 속에는 단백질 같은 생명이라고 이름 붙여질 만한 것이 섞여 있기도 하다.

정신세계 역시 어느 날 갑자기 인간의 전유물이 된 것이 아니라 점진적으로 강화되어 온 것이다. 그렇기 때문에 딱 잘라 여기까지는 생물, 여기까지는 무생물이라고 나눌 수 없다. 마찬가지로 식물과 동물도, 동물과 인간도 딱 잘라 여기까지다 라고 나눌 수는 없다.

자석의 경우를 보자. 자석의 한쪽은 N극이고 다른 쪽은 S극이다. 그런데 그것이 딱 잘라 어디서부터 N극이고 어디서부터 S극인지 구분할 수 없다. 자석의 중간을 자르면 자른 한 개의 자석이 다시 N극과 S극으로 나뉜다. 가운데 어디를 경계라고 할 수 없다. 이처럼 한쪽에서 보면 전혀 다른 동작이고 저쪽에서 보면 또 다른 동작이지만 어디서부터 이것이며 어디서부터 저것이라고 말할 수 없는 연관 속에 존재한다.

사회적 환경이 만들어낸 인간의 학습

정신현상도 그런 연관 속에서 차츰 올라와 원숭이에 오면 유전인자에 의한 행위양식에 비해 흉내내기가 점점 늘어나고, 사람에 이르면 흉내내기가 유전인자에 의한 행위양식보다 훨씬 더 늘어났다.

그런데 만약 원숭이를 인간의 무리 속에서 키우면 아무리 영리해진다 해도 여전히 원숭이지만, 인간을 어릴 때부터 원숭이 무리 속에서 키우면 원숭이와 거의 가까워진다. 그러나 어린아이를 인간의 무리 속에서 키우면 인간이 되어 원숭이와는 다르다. 그 이유는 뇌세포 용량의 한계 때문이다.

예를 들어 정보 100밖에 못 담는 하드웨어나 10,000을 담는 하드웨어에 100의 정보를 집어넣으면 결과는 똑같다. 그러나 10,000을 집어넣을 때는 다르다. 전자는 100밖에 안 들어가지만 후자는 10,000이 들어간다.

원숭이와 인간의 다른 점은 바로 뇌세포 용량의 차이로 인해 같은 조건에서도 조합하고 모방, 창조하는 능력이 차이가 난다는 것이다. 인간의 뇌세포 용량이 크다고 하지만 무엇을 흉내내느냐에 따라 원숭이로 살 수도 있고 혹은 인간으로 되기도 하는 것이다.

원시시대 인간과 오늘날 인간을 비교해 보라. 구석기 시대 살던 사람과 신석기 시대 살던 사람은 원숭이가 사는 것과 큰 차이가 없다. 그러나 현재의 우리와 그들은 차이가 크다. 그렇지만 생물학적으로는 원시인과 원숭이는 차이가 매우 많다.

따라서 어느 관점에서 보느냐에 따라 다르다. 우리 눈으로 보면 고릴라와 침팬지가 같은 것 같지만 유전학적으로 보면 사람과 침팬지가 비슷하고 고릴라는 많이 다르다.

새로운 약자, 자연의 고통에 대한 심오한 감수성

그러면 어디까지를 나(我)라고 하고 어디까지를 내(我)가 아니라고 규정할 수 있을까? 과연 어디까지를 생명(生命)이라 하고 어디까지를 생명(生命)이 아니라고 나눌 수 있을까? 그것은 분리될 수 없는 하나의 전체다. 그런데도 우리는 여기까지는 괜찮고 저기까지는 안 된다고 나누어 사고하고 생활한다.

나누는 사고는 결국 구분하고 분리하는 사고로 연결되어 인간과 자연을 분리하고. 그래서 자연의 고통이 인간과 전혀 별개의 것이라고 생각하게 된다. 그러므로 자연에 가한 횡포가 결국 인간에게 고통으로 되돌아 오는 것이다.

모든 만물이 상호연관 속에서 존재한다는 것은 우리의 삶을 조금만 돌아봐도 알 수 있다. 옷 하나 만드는데도 수많은 사람과 만물의 노고가 함께 하지 않으면 지금 여기 존재할 수 없다. 그러한 존재의 이치를 모르고 일부분의 육신이나 생각을 자기로 삼고 자신만의 생존을 위해 다른 사람을 괴롭히며 자연을 함부로 파괴하기 때문에 결국 자신에게 괴로움으로 돌아온 것이다.

그 동안 사회적인 문제는 빈부의 차이와 계급간의 갈등, 인종과 민족간의 갈등이 주종을 이루었다. 그것은 강자가 자신의 이익을 도모하는 과정에서 피해를 본 약자들의 문제였다. 결국 인간과 인간간의 갈등이었다.

이제는 지배와 피지배의 갈등은 새로운 차원의 문제를 보여준다. 그것은 인간과 자연과의 갈등이다. 그러나 자연은 인간과 같은 방식으로 저항하지 않지만 일정한 한계를 넘어서면 오랜 시간 인간에게 걷잡기 어려운 재앙이 주어진다. 새로운 약자인 자연을 위해 생명간의 평등은, 말하지 못하는 그들의 말에 귀를 기울이는 것이며, 저항하지 못하는 그들의 입장을 대신하여 저항하는 것이다.

사람들은 가까이 있는 가족들의 고통은 느낄 수 있고, 조금 더 감수성이 발달된 사람이라면 인종과 민족간의 어려움에 대해서도 생각할 수 있다. 어쩌면 모든 생명의 고통까지 느끼는 것은 보다 더욱 심오한 감수성을 요구하는데 이것은 일종의 깨달음의 영역이 될 수밖에 없다.

인간의 존재양식

위의 질문은 인간과 생물의 평등성에 대한 질문이었다. 이번 질문은 같은 이야기의 연장이 될 수 있는데 생태계에서 인간의 위치에 대한 것이다. 생태계에서 인간은 자신의 탐욕을 추구하기 위해 인간만이 자연의 주인이자 중심이라고 생각한 '인간 중심주의'가 바로 문제가 되고 있다.

인간이 자연의 일부라는 말에는 누구나 동의할 수 있다. 그러나 인간이 자연을 고려하지 않는 행위가 오늘과 같은 위기를 초래한 것이므로 인간이 자연에 순응해야 한다는 말도 새롭게 중요해진다. 그렇다고 인간의 주동성을 포기하고 자연에 대한 창조성과 의식성이 억제되어야 한다면 곤란하지 않은가. 불교에서는 자연 속에서 인간의 위치를 어떻게 생각하고 있으며 인간이 오늘과 같은 시대에 취해야 할 자세는 무엇인가.

모든 생명은 물질을 떠나서는 존재할 수 없다. 생명은 물질이 고도로 결합해 있는 것이라고 볼 수 있다. 그렇다고 해서 생명체와 물질이 무조건 같다는 것은 아니다. 물질적 관점에서 보면 생명은 단지 물질일 뿐이다.

그러나 물질과는 그 작동원리가 서로 다르다. 물질은 물리적·화학적 법칙에 따라 작용한다. 생명은 일종의 물질로서 물리적·화학적 법칙에 따라 작용하는 한편 생명으로서 생명원리에 따라 작용한다. 또한 인간은 일종의 생물로서 생명원리에 의해 작용하는 한편 정신적 존재로서 정신현상의 원리에 따라 작용한다.

그리고 그 정신현상에 의해 인간의 행동은 대부분 결정된다.

모든 동물들은 유전인자에 의해 본능적인 행동을 일으킨다. 인간도 예외는 아니다. 하지만 인간의 전체행동을 100이라 본다면 그 중에 동물적 존재방식이 작동하는 것은 10정도밖에 안되고 나머지 90정도는 정신현상에 의해 행동방식을 결정한다고 한다.

방금 얘기한 대로 인간을 비롯하여 생물도 물질의 입장에서 보면 단지 물질적 존재일 뿐이다. 그러나 우리가 생물을 물질과 다르다고 보는 이유는, 물질과 상관없는 생물이 아니라 물질로 이루어져 있지만 일반 물질의 작동원리와 존재방식이 다르기 때문이다.

또 인간을 생명의 관점에서 본다면 쥐나 소처럼 많은 생물 중의 하나에 불과하지만 정신현상을 갖고 보면 다른 생물과는 완전히 다르다. 그렇다고 해서 물질이나 생명을 떠나 있다는 것이 아니다. 인간이 생물의 일부라고 해서 전적으로 생물적 본능에 따라 행동하지는 않는다. 그것은 인간이 가진 정신현상 때문이다.

인간 행위양식의 두 가지 양상

오늘날 인간에게 제기되는 문제는 정신현상에 있어 서로 다른 두 가지 특이한 행위양식이 나타나기 때문이다. 하나는 자기가 사는데 별 지장이 없는데도 다른 생명을 죽이고 괴롭히는 면이 있다는 점과 다른 하나는 자기가 죽어가면서도 다른 생물이나 사람을 살리려고 한다는 점이다. 일반 생물의 행위양식은 자기 생존에 지장이 없으면 전혀 관계하지 않지만, 자기가 사는 데 지장이 있으면 절대 양보하지 않는다.

앞서 말한 인간 행위양식의 두 가지 특이점 중 전자는 사회의 온갖 갈등과 자연파괴의 원인이 된다. 그러나 후자의 정신현상으로 보면 어떠한가? 내가 배가 고프면 생물적인 존재방식으로는 당연히 먹어야 하지만, 오히려 먹지 않고 다른 사람을 줄 수 있는 것이 인간이다. 이것은 생물의 일반적인 존재방식을 넘어서는 것이다. 인간의 이런 행위양식은 다른 생물을 살리고 손해와 고통을 기꺼이 감내하기도 한다.

우리는 전자의 탐욕이나 이기심이라는 습성을 동물적 의식이라 불러왔다. 그러나 동물은 자기가 배부르면 아무리 먹을 것이 쌓여있어도 거들떠보지 않는다. 그런데 동물도 안 하는 짓, 동물에게 없는 탐욕과 이기심을 인간의 본능처럼 말해 왔다. '호랑이도 다른 동물을 잡아먹지 않는가. 따라서 다른 사람을 죽이고 먹는 것은 자연계에서 당연한 것이다'라고 이야기한다.

인간에게 문제가 되는 것은 호랑이처럼 배가 고파서 하는 행위가 아니다. 전쟁에서 상대를 죽이는 행위가 짐승들처럼 배가 고프기 때문은 아닐 것이다. 그것은 먹기 위해서가 아니라 자기 마음에 맞지 않고 자기 생각과 틀리다는 이유 때문이다.

먹기 위해 사람을 죽이는 것은 생물적 행위라고 볼 수 있지만 정의와 평화, 종교의 이름을 빌어 사람을 죽이는 것은 오히려 인간만 하는 행위다. 다시 말하건대 자기 생각과 다르거나 자신의 이익에 동조하지 않는다고 사람을 죽이는 것은 배가 고파서 잡아먹기 위해 죽이는 것보다 더 야만적인 행위다.

그러나 이제까지 전쟁을 일으켜 온 지배자들은 생존경쟁이라는 명분으로 경쟁과 투쟁, 전쟁을 정당화시키고 마치 자연세계의 법칙인 양 호도시켜 왔다. 서구사상을 토대로 한 가치체계는 이러한 인간의 이기적 욕구를 인간의 본성이라고 말해 왔다. 그래서 인간은 욕망을 추구하는 동물이라는 생각이 자본주의를 만든 기반이 되었다.

그러나 그것은 존재의 실상을 알지 못하는 어리석음으로 인해 일어난 잘못된 의식과 행위양식일 뿐, 인간의 본성이라고 말할 수는 없다. 그러므로 우리가 잘못된 의식을 버리자는 것이지 생물로서 존재양식 자체를 포기하라는 것은 아니다.

모두가 존재의 실상을 알고 살아가며 선한 의지를 가지면 좋겠지만 그렇다고 탐욕과 이기심으로 살아가는 사람을 동물적인 것이라고 생각하면 안 된다.

잠을 자려는 욕구는 모든 동물에게 공통적인 것이다. 그러나 더 좋은 집에서 자려는 것은 인간만이 갖는 욕구다. 또한 배고파서 먹으려는 욕구는 모든 동물에게 있는 욕망이다. 그러나 더 맛있는 것을 먹으려는 욕구는 인간에게만 있는 것이다. 마찬가지로 더위와 추위를 피하고자 해서 옷을 입지만 더 좋고 아름다운 옷을 입으려는 욕구가 바로 인간에게 문제가 되는 것이다.

인류 역사 속에서 이 탐욕과 이기심은 마치 사회발전의 원동력인 것처럼 생각되어지기도 했다. 그러나 이것은 결국 자본주의를 합리화시키는 과정에서 인간에게 고착화된 의식이다. 자본주의는 욕망이 인간의 본성이고 본능인 것처럼 호도해 온 것이다. 그래서 인간이 갖는 선의지와 이타적 의지를 고양 발전시키기보다는 개인의 욕구 충족을 부추기면서 행동하도록 요구해 왔다.

폴리네시아나 인디언의 전통을 보면 과거 인류의 전통을 엿볼 수 있다. 그들의 삶을 보면 인간이 자연과 호흡하고 어우러지는 더욱 더 많은 전통을 접할 수 있다. 산업사회에서 인간의 행위는 자신의 이익과 이해관계로만 국한시키도록 욕망을 발달시켜온 것이며, 이것이 인간사회 모든 갈등의 원천이 되고 나아가서 인간과 자연을 파괴하는 근원이 되어왔다.

인간의 정신성이 제대로 발현되지 못한 잘못된 의식을 고치는 것이 문제해결의 핵심이지, 다른 동물이나 다른 물질이 인간과 같거나 다르다는 점이 문제가 되는 것이 아니다. 인간이 본래 갖고 있었던 본성을 회복하고 잘못 훈습된 행위양식을 걷어내고자 하는 선의지가 무엇보다 중요하다. 또한 인간의 행위능력이 다

른 자연에게 미치는 효과가 크기 때문에 인간 정신성의 고도화
와 이를 통한 의식적이고 창조적 노력은 대단히 중요하다.

불교의 인간관

정말 인간의 이기심이 과연 산업사회에서 훈습된 것인
가. 어쩌면 인간은 가까이 있고 보이는 것에 대해 다른 것
보다 마음이 쓰이는 것이 당연한 것이라고 본다. 이기심
을 "가까이 있는 것에 대한 집착"이라고 한다면 그것이
정말 문제가 되는 것인가.

요즘 자연에 대한 겸손함이 굉장히 중요한 덕목이 되
고 있다. 모든 생물과 나아가 무생물에도 정신현상이 있
음을 증명하는 실험도 행해지고 있다. 그러면서 환경을
파괴한 것은 인간만 제일이라는 식의 사고를 바탕으로 한
행위의 결과였다는 반성이 일고 있다.

불교에서는 자기 중심적인 사고, 즉 아상(我相)을 여의
는 것(내려 놓는 것)을 강조한다고 안다. 또 나아가 인상
(人相), 중생상(衆生相), 수자상(壽者相)도 내려 놓아야 한다
는 가르침이 있다고 안다. <금강경(金剛經)>에 나오는 이
사상(四相)과 연관지어 설명해 주기 바란다.

사람은 모두 '나(我)'라는 의식이 있다. 우리의 사고에서는 '몸 뚱이가 나(我)'라는 의식이 있다. 모든 것이 서로 연결되어 있는 데도 불구하고 몸뚱이만을 따로 떼어내어서 나(我)라고 의식한 다. 그래서 내가 너와 다르다고 생각한다. 이것이 불교에서 말하 는 '아상(我相)'이다. 이 아상 때문에 이기심이 발생하고 부부간, 부모자식간에 갈등을 일으키며 나와 세계의 모든 것이 구분되고 대립하게 한다.

'인상(人相)'은 '우리'라는 생각이다. '우리 가족'이라고 표현하 는 것처럼 "우리 안에 들어오는 것은 모두 '나'고, '우리' 밖에 있 는 것은 남이다"라고 나누는 것과 같은 경우다. 이렇게 '우리'가 곧 '나(我)'이기 때문에 우리를 위해 희생할 수 있는 것이다. '우 리'의 가장 좁은 단위는 가족이다. 이것을 어떻게 구분짓느냐에 따라 '우리 지역' '우리 민족' '우리 나라'라는 생각으로 넓어지기 도 한다. 그래서 '우리'라는 개념 안에는 가족의 범위부터 전체 인류까지가 포함된다. 이렇게 설정된 '우리'와 그 '우리의 바깥' 과 대립하려는 의식이 '인상(人相)'이다.

'중생상(衆生相)'은 '생명가진 것이 소중하다'는 생각이다. 여기 에서 중생은 동물까지, 더 넓게 말하면 식물까지를 포함한다. 그 래서 중생의 영역도 세 가지 단계로 나눈다. 첫째는 포유류로 사

람과 비교적 가까운 것, 둘째는 모든 곤충을 포함한 동물, 셋째
는 식물을 포함한 생물이다. 그러니까 보통 생물이라고 하는 것,
즉 생명 가진 것만 '나'와 같은 중생이라 하여 동류로 삼고 돌과
물, 흙은 중생이 아니라는 의식이 '중생상'이다.

　'수자상(壽者相)'은 형상을 갖고 있는 것만 존재라는 의식을 말
한다. 흙·돌·물·태양 등 형상을 갖고 있는 것만을 존재라고
생각하고 형상을 갖고 있지 않은 것은 존재가 아니라는 생각이
다. 나아가 인식하지 못하는 것은 존재하지 않는다는 생각을 갖
는 것이다. 사실은 형상이 없는 데서 형상이 생겨난다. 형상이
없다는 것은 인식하지 못한다는 것이다. 관찰할 수 있을 때 생겨
났다고 하고 관찰할 수 있는 형상이 사라지면 없어졌다고 생각
하는 이것이 '수자상'이다. 여기서 존재가 생기고 사라진다는 생
멸관(生滅觀)이 나온다.

　그러면 왜 존재가 생기고 사라지는가? 우리 의식 속에 존재라
는 말은 형상이 있는 것만 말한다. 형상이 없다가 형상이 있게
되면 '생겨났다'고 하고, 형상이 있다가 없어지면 '사라졌다'고
한다. 그래서 모든 존재는 생사(生死)나 생멸(生滅)이 있다는 의
식이 수자상이다.

　그런데 실제의 세계는 존재와 비존재로 나눠지지 않는다. 아

무엇도 없는 공간에서 기온이 떨어지면 물방울이 생기고 빗물이 떨어진다. 형상이 없는 데서 형상이 생겨난 것이다. 눈에 보이지 않지만 그 공기 중에는 물을 구성하는 분자와 작은 수증기들이 있었던 것이다. 그런 것을 모르고 우리 눈에 안 보이면 형상이 없다고 말한다. 수증기가 물방울이 되고, 물방울이 수증기가 되는 것은 단지 변하는 것일 뿐이다.

우리 기준으로 관측되면 있고(有), 관측되지 않으면 없다(無)고 말한다. 있다·없다는 것은 우리에게 관측되고 안 되고의 차이에서 나온 관념일 뿐 실재의 세계는 이 있다·없다의 유무(有無)를 떠나 있다.

이것을 넘어서야 된다. '나, 너'·'있다, 없다'·'존재, 비존재'라는 것이 사실은 각각 둘로 나눌 수 없다. 단지 우리 분별에 속할 뿐이다. 일체 분별이 끊어지면 '수자상'도 없다. 생물이다 아니다 하는 '중생상'도 사라진다.

예를 들어 우리 몸의 70%가 물이다. 물은 무생물이라고 생각하지만 물을 마셔 뱃속에 있으면 생명을 구성하는 일부로서 생물이라고 본다. 이처럼 '물질이다, 생물이다'를 나눌 수 없다. 단지 우리가 드러난 관찰의 차이와 존재의 작동원리가 다를 뿐이다.

앞에서 애기한 대로 옛날에는 사람과 사람 아닌 것이 분명히 분리되어 있는 것 같았다. 그런데 오늘날 우리가 연구하는 과정에서 보면 사람과 사람 아닌 것의 구분이 불분명하다는 것을 알 수 있다. 현생 인류만 사람이라고 할 것인가, 네안데르탈인이나 원인류도 사람이라 할 것인가, 도대체 언제부터 사람이라 규정해야 하는가?

이 모든 것이 그냥 생긴 것이 아니라 점진적으로 변하여 내가 현재 여기에 존재하는 것이다. 오늘날의 나를 관찰해 보면 내 조상이 있고, 그 조상이 있기 위해서는 그 위에 조상이 있고, 그 위에 더 거슬러 올라가면 포유류, 어류, 단세포동물…궁극에는 물질로 간다.

저쪽 끝은 물질이고 우주 창조의 시작이고, 이쪽 끝은 굳이 본다면 생물이요 인간이다. 오늘날 우리의 정신현상까지 볼 수 있다.

모든 것이 연관되어 있다는 것은 이런 것이다. 불교에서 말하는 아상·인상·중생상·수자상을 떠난다는 것은 이러한 고정된 집착과 관념을 내려놓고 전체 연관을 보는 것이다.

사실 이런 질문에 대답하기 어려운 점은 애초에 어떤 사물을 잘못 보아 놓고 그 틀린 것에 근거하여 의문을 제기하기 때문이다. 나눌 수 없는 것을 나누어 놓고 수평 비교하여 우열의 판단을 묻는 것이다. 인간 중심성이나 생물평등성이나 모두 이원론에 근거한 관념의 다른 형태일 뿐이다. 근본적으로 사물을 잘못된 관점에서 바라보는 것에서 시작된 것이다.

개체론과 전체론

그 동안 서구적 과학은 자연을 비롯한 모든 세계를 개체의 집합으로 생각해 왔다. 그래서 그 근본물질로서 원자의 성격을 규명하든가, 아니면 DNA의 유전자 지도를 파악하면 그것의 집합인 전체를 알 수 있다고 보았다. 그러나 이제 학계에서는 이러한 개체론적 사고를 기계론이라고 비판한다.

그래서 프리쵸프 카프라(Fritjof cafra)[1]나 근본생태론

---

1) 프리쵸프 카프라(1939~)는 빈 대학에서 물리학 박사학위를 받았으며, 유럽과 미국의 여러 대학에서 고에너지 물리학을 연구하고 가르치기도 하였다.
세계적인 베스트셀러이며 신과학의 고전으로 일컬어지는 <현대물리학과 동양사상 The Tao of Physics> <새로운 과학과 문명의 전환 The Turning Point> <탁월한 지혜 Uncommon wisdom>, 그리고 1992년 아메리카 북 어워드를 수상한 <신과학과 영성의 시대 Belonging to the Universe>(이상 범양사 출판부 펴냄)의 저자이기도 하다.
현재 미국의 버클리에서 살고 있는 카프라 박사는 국제적인 생태문제 연구 조직인 엘름우드 연구소를 창설, 새로운 생태과학의 이론을 정립하여 오늘날 사회 경제 및 환경 문제에 응용하고 있다.

자2)들은 유기체론이거나 전일론(全一論)의 관점으로 전환되어야 한다고 주장한다.

스님의 말씀으로 보자면 개체론이냐 전체론이냐 하는 것도 동일한 논리의 다른 표현이라고 할 수 있는가. 스님의 말씀은 그들이 말하는 전체론과는 다른 것 같다.

물론 다르다. 예를 들어 2개의 고추가 서로 같으냐 다르냐는 물음과 똑같다. 고추는 고추끼리 보면 전부 다르다. 그런데 파의 입장에서 보면 모든 고추는 같다. 만약 고추와 파가 같다면 돌맹이와 비교해 보면 어떨까? 돌맹이와 비교할 때 고추와 파는 뭉뚱그려 같은 채소라고 한다. 그러니까 존재는 같지도 않고 다르지도 않다.

그러나 한편으로는 같기도 하고 다르기도 하다.

문제는 인간이 자신의 관점이나 필요에 따라 같다고 하거나 다르다고 말한다는 점이다.

---

2) 근본생태론은 드볼과 세션, 프리쵸프 카프라, 미국의 불교수행자인 게리 시나이더, 그리제바하, 칼 아메리, 조나단 포리트 등의 생태론자들의 입장을 지칭하는 용어로 환경문제를 대기, 수질, 쓰레기만을 문제삼는 피상적 처방이 아니라 근본적인 처방을 제기하고 있다. 인간 중심성을 극복하는 생물평등성, 분절적이고 개체주의적인 사고에서 전일적이고 통합적 사고, 이성보다는 직관과 통찰, 과학기술주의의 배격, 깨달음과 영성을 강조하면서 환경문제는 현대의 서구적 모든 가치관과 문명을 근본적으로 전환해야한다는 메시지를 제기하고 있고 동양적 사상과 전통에 가치를 두는 생태주의의 한 흐름이다.

내가 배가 고파서 밥을 먹는다는 것은 신진대사를 위한 생물로서 생존방식이다. 그러나 아무리 사랑하는 사람이라도 '저 사람이 밥을 먹으면 내 배가 부르다'고 생각할 수 없다.

구더기 두 마리 중에서 한쪽 구더기를 잡는다고 저쪽 구더기가 아파하지 않는다. 생물적으로 볼 때는 그렇다. 그러나 사람은 내가 당한 것이 아닌데도 부모나 형제가 죽으면 아파한다. 그것은 인간의 정신이 개개인에게 단독으로 형성된 것이 아니라 연관되어 형성되었기 때문이다.

그런 차원에서 우리 존재는 같기도 하고 다르기도 하다.

다섯 손가락은 한손에 연결되어 전체적으로 보면 한손이고 부분적으로 보면 다섯 손가락이다. 따라서 단순히 하나라는 개념으로 생각하면 모순이 생긴다. 불교에서 말하는 연기(緣起)는 별개로 독립되어 있는 것이 아니라 서로 연결되어 있다는 것을 말한다.

자동차의 모든 부품이 연결되어 있다는 말은 자동차가 한 덩어리이기 때문에 부품중에 하나라도 없어지면 자동차를 못 쓴다는 뜻이 아니다. 부품이 고장나면 갈아 끼우면 된다. 그러나 그 부품은 전체에서 완전히 따로 떨어져 있는 것은 아니다. 이 세상 모두가 연결되어 있다 해서 물을 한 방울 더럽힌다고 내가 죽고,

소나무 한 그루 죽는다고 숲이 사라진다는 얘기는 아니다. 우리 몸에 피 한 방울이 없어져도 사는 데 지장이 없다. 하지만 한 방울일지라도 계속 없어지면 죽는다. 피 한 방울이 없는 것은 내가 존재하는 데 당장에는 큰 영향이 없다 해도 그런 식으로 계속되면 목숨을 잃는 큰 피해도 일어난다는 말이다.

다시 말해서 흘러가는 시냇물에 손을 씻는 행위는 물을 오염시키는데 큰 영향을 주지 않는다는 말과 아무런 영향이 없다는 말과는 뜻이 다르다. 아무런 영향이 없다면 세상 사람들이 모두 시냇물에 손을 씻어도 상관이 없어야 한다. 제로는 아무리 곱해 봐야 제로니까.

그런데 내가 손 씻는 행위 때문에 오염이 된다고 하면 아무도 손을 씻지 말아야 하는가? 아니다. 한 사람이 손 씻는 것은 일정 기간이 지나 정화되면 큰 영향은 없지만 그것이 지나치면 큰 영향이 있다. 그래서 사람이 많을 때는 손 씻는 것도 금해야 한다는 말이다. 설악산 계곡에서 혼자 산다면 비누칠하고 목욕한다고 해도 큰 문제가 없지만, 사람이 많을 때는 다르다. 얼마나 많은 사람이 관계하느냐에 따라 손만 씻어야 된다든지, 손도 씻지 말고 마시는 물만 쓴다든지, 빨래까지는 된다든지, 농사짓는 것은 괜찮다든지 하는 결론이 나올 수 있다.

따라서 물에는 아무것도 버리면 안 된다든지 혹은 반대로 무엇이든 버려도 좋다고 단정적으로 말할 수 없다는 것이다.

그렇기 때문에 무엇이 옳으냐는 상황에 따라 결정되는 것이다. 고여있는 물에 너무 많은 나뭇잎이 떨어지면 그 물은 썩어 못 먹는다. 그런데 물이란 나뭇잎이나 흙 속을 흘러야 좋은 물이 된다. 본래부터 약수란 없다. 하늘에서 떨어지는 빗물이 산의 흙으로 들어가서 나뭇잎이나 땅 속을 관통해야 약수가 된다.

또 어떤 산속의 물은 먹으면 죽는 것이 있고 약이 되는 물도 있다. 유황이 들어 있는 물일 경우, 유황이 어느 정도로 함유되어 있느냐에 따라 약수가 되기도 하고 독수가 되기도 한다. 유황 성분이 너무 적어도 약수가 안 되고 너무 많아도 약수가 안 된다. 적당한 양이어야 한다. 그 적당한 양이라는 것도 경우에 따라 다르다. 유황만 있는 경우와 철분이 함유될 때는 어느 정도 양이 약수로서 적당할 지는 다르다. 또 그것을 먹는 사람에 따라 어떤 사람에게 약수가 되기도 하고 독수가 되기도 한다. 이렇게 경우에 따라 모두 다른 것이다.

합리적 사고, 과학적 사고는 어떤 경우이든 보편적이고 동일한 실험에 동일한 결과를 추구한다. 그러나 이 경우에도 일정한 법칙과 불변하는 방침을 찾기는 쉽지 않다. 이런 점 때문에 우리가 하나로 정리하거나 이론화시키는 데 어려운 점이 있다.

하지만 우리 모두 체험할 수 있다. 의식이 깨어있는 사람에게는 아무 문제가 없고 너무나 자연스러운 일이지만 어떤 의식의 카테고리에 갇혀 분석하려고 하면 논리화시키기 어려운 것이다.

일원론과 이원론

그 말은 천지만물은 두 가지 극으로 나뉘어져 있다고 사고하는 이원론(二元論)과 실제는 하나라고 보는 일원론(一元論)과 연관되는 것 같다. 모든 만물은 둘이 아니라는 불교의 불이사상(不二思想)과도 연관되는 것 같다.

같은 이야기의 다른 비유를 들어보겠다. 여기 아스피린이 한 알이 있다. 이때 아스피린은 약이라고 한다.

그런데 그 아스피린을 어떤 사람이 먹으면 약이 되지만 다른 사람이 먹으면 독이 될 수도 있다. 또 내 몸 상태에 따라 약이 될 수도 있고 독이 될 수도 있고 아무런 효과가 없을 때도 있다. 어느 정도 먹느냐, 어느 때 먹느냐 등 적용방식에 따라 약이 되기도 하고 독이 되기도 하며, 사람에 따라 약이 될 때도 있고 독이 될 때도 있다.

철분(Fe)이라는 화학물질도 몸에 잘 반응하면 약이 되고, 그렇지 않으면 독이 된다. 어떤 한 생명이 아프다가 한 물질이 들어가 제대로 작동된다면 그것은 약인 것이다. 그러나 그것이 잘못되어 더 아프면 그것은 독이 되는 것이다. 그러므로 철분은 그냥 하나의 존재일 뿐이다. 다만 경우에 따라 어떤 때는 약효가 있고 어떤 때는 독성으로 작용하는 것이다.

이런 현상을 불교적으로 말하면 철분은 공(空)하다고 표현한다. 경우에 따라 즉 인연 따라 약이 되기도 하고 독이 되기도 한다는 말이다. 약이니 독이니 하는 것은 상황에 따라 일어나는 현상이다.

선(善)이니 악(惡)이니 하는 것도 마찬가지다. 예를 들어 어떤 사람의 행위가 선이냐 악이냐 하는데 사실 행위는 행위 그 자체일 뿐이지, 그것을 선이다 악이다 규정지을 수 없다. 행위 자체는 공한 것이다. 그렇다고 해서 아무렇게나 행동해도 된다는 것은 아니다. 그 행위가 상황에 직면했을 때 그러한 사람들의 의식과 조건에서 선으로 나타나기도 하고, 악으로 나타나기도 한다.

그러니까 선악이라는 것이 본래부터 정해진 원리가 있는 것이 아니라는 말이다. 원래 '선악이 없다. 선악을 초월한다. 선이다.

악이다'라고 규정되어 있는 것이 없다는 말이다. 이것이 불교에서 말하는 공(空)이다.

또 하나의 예로 담배 피우는 것이 좋으냐 나쁘냐의 논란이 있었다고 하자. 지리산 꼭대기에서 담배 한 개피를 꺼내 피웠을 때 잘못된 행동이 아니다. 그만한 일에 공기가 크게 오염되는 것도 아니고, 그 행위는 행위일 뿐이다. 그런데 방안에 환자가 있는데 담배를 피우면 형편에 안 맞기 때문에 잘못된 행동이라고 말한다. 여기서 담배 피우는 자체가 잘못된 행동이라고 규정할 수 있는 것이 아니다. 다만 방안에 환자가 있을 경우, 담배 피우는 행위가 잘못이라고 말한 것이다. 모든 것은 구체적인 상황에서 판단할 문제이다. 아픈 환자가 기침을 콜록거리고 있는 상황에서 담배를 피우면 옳지 않다. 그 조건에 맞지 않다는 말이다.

다시 말해 근본에는 옳고 그른 것이 없다. 그러나 인연 따라 선악이 나타난다. 인연 따라 선악이 나타나니 인연이 바뀌면 선악도 바뀐다. 그래서 제행무상(諸行無常)이라고 한다. 드러난 현상은 언제나 항상 하는 것이 아니라 변하는 것이다. 냉장고의 프레온가스가 오존층을 파괴시킨다고 '프레온가스는 무조건 나쁜 가스다'라고 말할 수 없다. 지구상에서 냉장고를 만 대 정도 돌린다면 지구에 아무런 영향이 없다. 그럴 때 그것은 좋은 가스라고 우리에게 인식될 것이고, 너무 많이 써서 오존층을 파괴할 정도가 되면 그것이야말로 지구상에서 가장 나쁜 물질이 된다.

물질 자체는 좋다 나쁘다가 없다. 그냥 가스일 뿐인데, 그것이 이러이러해서 엄청난 영향을 주기 때문에 나쁘다고 말한다. 술과 마약도 마찬가지다.

이런 이야기는 물론 쉽게 말하기는 곤란하다. 사람마다 평가가 다르기 때문이다. 편안하게 잘 먹으며 자기 집 앞에 깨끗한 냇물이 흘러가는 것을 보고 싶은 사람은 그 냇물에 소똥을 버리는 것은 절대 안 된다고 생각할 것이다. 그에게 있어서는 그것이야말로 냇물을 오염시키는 주범이다. 그렇다고 겨우 소를 치고 살아가는 사람에게는 소에게 묻은 소똥을 개울에 가서 씻는 것을 두고 물을 오염시킨다고 욕을 하는 것은 상황에 맞지 않는 말이다.

오염도 상황과 조건에 따라 다른 것이다. 문제는 이를 어떻게 조화롭게 판단할 것인가를 실천적으로 생각해 봐야 한다. 오염에 대한 측정도 나라와 사람에 따라 다르다. 오존층 파괴, 열대림 파괴, 기온 상승 등은 어느 나라 사람이든 모두 피부로 느낄 수 있는 것이 아니다. 이런 문제와 우리가 말하는 어떤 특정한 부문의 환경문제는 대응방식이 달라져야 한다. 오존층이 파괴된다는 사실은 선진국, 후진국 따질 문제가 아니다. 이러저러한 문제로 책임을 떠넘길 문제도 아니다. 결국 모두 죽는 문제이기 때문이다.

인도나 아프리카는 사막이 많다. 인구가 많아지면 가축도 많아진다. 사람과 가축이 많은데 비해 기후가 건조하여 풀은 적다. 그런데 그것마저도 인구가 늘고 가축이 많이 뜯어먹어 비가 와도 물이 고일 데가 없어 사막화가 급속하게 진행되었다. 이를 피해 사람들이 다른 지역으로 이동한다면 결국 사막화되는 지역이 더 넓어진다.

사막화가 진행되는 것을 우려하는 사람들이 그들에게 '당신들이 풀을 자꾸 가축에게 먹이니까 사막화가 되어 지구 환경을 오염시키지 않느냐'는 말을 한다면 쉽게 수긍할 수 없을 것이다. 사막화를 시킨 것은 그곳에 살고 있는 사람만이 책임질 일은 아니기 때문이다.

그것은 보다 근본적으로 인간의 생활양식과 산업사회의 삶의 패턴 때문이며, 따라서 전세계가 함께 책임에 동참해야 한다.

열대림 파괴도 마찬가지다. 열대림 파괴를 막으려면 지구의 모든 사람이 세금을 물거나 해야 한다. 지구 전체의 책임을 브라질 사람한테만 맡길 수 없기 때문이고, 그 결과가 전지구적으로 영향을 받는다면 브라질 사람에게 대가를 지불해야 한다.

그렇지 않으면 브라질 사람들의 입장에서는 '그 동안 우리를 약탈해가더니 그것도 모라자서 우리 나라에 있는 나무도 베지 못하게 하느냐'고 생각할 것이다. 그러나 그것이 가까이는 브라질 사람들의 삶의 문제를 변화시키는 것이어야 하지만, 보다 근본적으로는 전체 인류의 삶의 양식의 변화를 함께 도모해야 하는 문제다. 물론 생활 수준을 어느 정도까지 줄여야 하는가 하는 것은 우리의 과제라고 할 수 있다.

더 근원적으로 환경문제를 살펴보면 도(道)의 문제로 들어간다. 그러나 근본문제만 제기하면 실제 아무런 말을 하지 않는 것보다 못한 경우가 많다. 힘있게 일을 추진하는 사람으로 하여금 혼란스럽게 만들 수 있기 때문이다. 그러나 한편으로 환경문제는 인류의 모든 문제가 집약되어 발생한 것인 만큼 모든 것을 한꺼번에 고려하지 않으면 안 되는 문제다.

환경문제는 대단히 복잡하지만 한마디로 말하면 인류의 욕망에서 비롯된 문제의 총체적인 결과다. 정치·경제·사회 등 모든 면이 고려되어야 해결점이 나온다. 데모를 통해 정부와 싸운다고, 기술만 개발한다고 해결점이 나오는 것이 아니다. 그렇다고 모두 도를 닦는다고 해결점이 나오는 것도 아니다. 이것이야

말로 우리 사회 전반을 종합적으로 바라보고 운동을 전개할 때
변화가 가능한 것이다.

환경논의의 쟁점 2

과학기술은 과연 환경문제를 해결할 수 있는가

많은 사람들은 과학기술의 발달로 환경문제를 모두 해결할 수 있다고 보는 쪽과 과학기술의 발달이 오히려 오늘날 환경문제를 낳은 주요인이라고 보는 쪽이 나뉘어져 대립하고 있다. 환경운동을 주장하는 사람들은 대부분 과학기술에 의존하는 것은 위험하다고 판단하고 있다.

그러나 한편으로 어쩌면 과학의 발전에 의해 우리가 지금과 같이 전세계의 모든 것이 연관되어 있다는 것도 깨닫게 된 것이 아닌가. 이러한 논쟁점을 어떻게 생각해야 하는가.

과학기술 자체는 선도 아니고 악도 아니다. 우리가 개천이 오염되어 있는 것을 깨끗이 정리하려면 그냥 내버려두는 것과 기술을 동원하는 것 중 어느 것이 효과적일까? 당연히 과학기술을 동원해서 하는 것이 효과적이다. 큰 산사태가 났을 때 자연적으로 그냥 놔두면 원상회복이 3백 년 걸릴 일을 사람이 노력해서 제방을 쌓고 축대를 쌓으면 30년이면 회복할 수 있다.

나무나 풀을 심고 베어내는 것 자체가 자연파괴라기보다는 엄청난 수목을 베어내어 황무지를 만들어버리고 그로 인해 다른 여러 자연 조건이 나빠지면 문제가 연속적으로 확대된다는 것이다.

우리가 할 일은 파괴가 지나치지 않도록 하는 것과 지나치게 파괴된 것을 다시 복구하는 것이다. 물론 자연에는 자기 치유력이 있어 일일이 다 인간의 노력으로 복구할 필요는 없다. 대부분 자기 치유력에 맡기고 더 이상 파괴하지 않는 것, 치유력을 벗어나지 않도록 사용하는 것과 더불어 지나치게 파괴된 것은 기술을 동원해서 고치는 것은 필요하다.

문제는 과학기술을 이용하는 사람들의 의식이 욕구를 중심으로 이용할 때 그것은 파괴의 도구가 되는 것이고 선의 도구로 이용될 때 그것은 공생의 도구가 되는 것이다.

과학기술의 발전에 있어서도 마찬가지다. 위에서 언급한 것처럼 과학기술의 발전이 인간으로 하여금 전지구적인 사고를 갖게 했고 모든 것이 연관되어 있다는 것을 깨닫게 했다. 그러면서 동시에 과학기술의 잘못된 사용에 의해 지구를 위기에 빠뜨리는 결과를 빚기도 했다.

문제는 과학기술을 사용하는 인간의 정신이다. 과학적 사고만이 진리의 모든 것이라고 생각하는 것은 과학기술에 포섭된 사고다. 그러한 사고는 궁극적으로 모든 문제를 과학기술이 해결할 것이라고 생각한다.

그러나 환경재앙을 과학기술로만 해결하려는 것은 인간의 욕구와 욕망에 의해 발생한 위기의 근본문제를 해결하는 것이 아니며, 따라서 문제를 시간적으로 유보할 뿐이지 결국 언젠가는 다시 문제가 발생할 수밖에 없다.

이렇게 과학기술로만 해결하려는 것도 극단이지만, 과학기술을 완전히 배격해야 한다는 입장도 극단이다.

자연을 지키는데 있어서 인간의 역할

환경과 개발에 관해 서로 다른 두 가지 견해가 있다.

하나의 입장은 인간의 행위가 환경을 오염시킨다고 주장하며 철저히 자연 그대로 두어야 한다는 것이다. 어설프게 보전한다는 명분으로 인간 중심적인 자기 사고를 편입시켜 오히려 치명적인 피해를 줄 수 있기 때문이다. 그러나 한편으로는 인간의 행위가 잘못된 것은 사실이지만 결국 인간의 인위적인 노력에 의해 가꾸어져야 한다는 입장이 있다.

똥 한 줌이 밭에 가면 거름이지만 물에 가면 물을 오염시킨다. 그러나 수량도 적은 좁은 내(川)가 흐르는데 그 옆에서 집중적으로 소와 돼지를 엄청나게 먹이고 밭에다 그 똥을 엄청나게 뿌려 농사를 짓는다면 그 개울의 물은 마실 수 없다. 그러니까 유기농업 한다고 자연에 전혀 부담을 주지 않는다고 말할 수 없다. 문제는 자연이 감당할 만큼의 규모인가다.

열대지방에 있는 많은 물은 어떻게 된 것일까? 사람이 가서 오염시킨 것은 아닌데도 열대지방에 있는 물은 함부로 마실 수 없다. 거기에는 병원균이 엄청나게 많기 때문이다. 또 인도 땅에서 판 지하수는 함부로 마실 수 없다. 석회질이 들어 있기 때문에 설사하게 된다. 오염 이전에 인간에게 적당한 물이 아니기 때문이다.

오염이란 말도 다시 생각해 보아야 한다.

그러니까 인간에 의한 행위는 모두 잘못된 것이고 자연 상태는 모두 좋은 것이라는 말은 맞지 않다. 옛날에도 자연 상태로 있는 물 중에 마실 수 있는 것이 있고 마시지 못할 것이 있었다.

문제는 우리가 마실 수 있는 물조차 못 마시게 만들었다는 점이다. 그런데 마실 수 있는 물을 못 마시게 만든 것도 인간이지만 석회질이 많은 물을 마실 수 있게 만든 것도 인간이다. 마시지 못할 물을 마실 수 있게 하는 것마저 인위적이라서 필요 없다고 생각하면 안 된다.

환경과 경제문제

자연과 인간은 둘이 아니라는 말씀은 처음에도 했는데 지금은 과학기술의 발달과 환경문제의 대립뿐만 아니라 환경문제와 경제발전과도 팽팽한 갈등이 있다.

그러니까 자원이 유한하기 때문에 환경을 중심으로 한 개발이 이루어져야 한다. 그러나 현실 속에서는 경제적 논리가 힘을 갖고 있으며 실제 많은 사람들이 현재의 편리를 포기하지 않으려 한다.

따라서 환경과 경제를 동시에 고려한다는 애매한 통합

은 실제 상황이 경제를 중심으로 움직이고 있기 때문에 결과적으로는 경제 중심적인 가치관에 포섭될 수밖에 없고, 그래서 환경을 실질적으로 해결하기 위해서는 결국 인간의 경제적 풍요를 포기해야 한다는 주장이 많은 설득력을 갖는다.

문경에 수련장을 마련하면서 이런 문제를 생각해 봤다. '농경지를 매립해 집을 짓는 것은 환경을 오염시키는 것이 아닐까? 우리가 사용하는 물은 낙동강 하류지역에 있는 사람들의 상수원으로 쓰여진다. 마을 사람들은 둘째치더라도 저 아래 상수원까지 가는 동안에 정화시킬 수 있을까?

나 혼자 산다면 아무리 버려도 그 밑에 골짜기까지 내려가면 정화된다. 그러나 몇 명 사느냐에 따라 상황은 달라진다. 100명 정도가 살면서 전부 삼푸로 머리를 감으면 결국 정화되지 못하고 흘러가 낙동강 오염에 한 원인이 된다. 그러면 몇 명이 사느냐에 따라 정화시설을 어떻게 할 것인가를 결정해야 된다.

전지구적인 문제를 생각한다면 자연 정화력을 넘어설 경우 그에 따른 조치를 준비해야 한다. 그렇지 못할 경우 그렇게 많은 인원이 모여 살아서는 안 된다. 그런 점에서 대도시를 형성하여 사는 것은 환경차원에서 볼 때 결코 바람직하지 않는 생활방식이다. 여러 효율성 때문에 사람이 모여 살지만, 그럼으로써 집값도 비싸지고 교통체증에 폐기물과 오염도는 대단히 높아진다.

그렇다고 혼자 멀리 떨어져 살면 자동차를 타고 다녀야 하고 훨씬 더 많이 기계에 의존하게 될 수 있어 에너지 낭비도 심해질 수 있다. 너무 많이 모여 살아도 비효율적이지만 적게 모여 살아도 비효율적이다. 일정하게 모여 살아야 한다.

그러면 어느 정도 모여 살 때 가장 효율적일까?

그것은 현재의 조건 속에 그 규모는 조금 더 면밀하게 자연 정화력이 가능한 범위가 어느 정도 될 수 있겠느냐는 기준으로 연구되어야 한다. 다시 말하면 현재의 개발과 소비가 자연 정화력을 넘어간다면 지금에서 개발을 중지하는 정도뿐 아니라 이미 개발하여 우리가 쓰고 있는 것도 축소시켜야 한다. 산골짜기에 소를 먹이거나 낙농을 할 때도 그 골짜기 전체 크기와 용량, 즉 자연 정화력을 넘지 않는 범위에서 먹일 수 있는 가축의 수가 제한되어야 한다. 개발 가능한 범위를 자연이 치유하고 정화해 낼 수 있는 범위 안으로 한정할 때, 지금 있는 것을 축소해야 하는지 더 많이 이용해도 괜찮은지 그 정도를 판단할 수 있다. 만약 너무 많이 모여 산다면 인간의 이동이 그 규모에 맞게 분산될 필요가 있다.

제 3세계의 환경문제를 생각해 보면 제 3세계는 아직도 개발이 완전하지 않아 더욱 많은 자연을 훼손한다. 그러나 선진국은 지나친 경제개발로 인해 환경문제를 발생시킨다. 오히려 제 3세계는 더욱 개발될 필요가 있다. 그러므로 선진국은 생활규모를 줄이고 개발을 중지하거나 축소되어야 마땅하다.

예를 들어 인도의 캘커타에서 오염이 심화되기 때문에 공장을 세우면 안 된다고 함부로 판단할 수 없다. 캘커타는 삶의 조건이 열악하기 때문이다. 너무 뚱뚱한 것도 병이지만, 너무 마른 것도 병이다. 인간은 건강하게 사는 것이 목적이다. 그것은 뚱뚱하거나 마른 것을 벗어나 건강하게 사는 것을 지향하는 것이다.

선진국이 진정 지구적인 위기의 문제를 걱정한다면 선진국이 개발한 환경정화 과학기술을 제 3세계에 과감하게 이전해야 하지만, 오염유발산업을 제 3세계에 이전해서는 안 된다.

그러나 지금은 자국의 이익을 중심으로 생각하기 때문에, 자신들은 오염이 적게 나는 제품만 생산하고 제 3세계는 그 동안 자기 나라에서 오염배출이 심각했던 산업을 이전시키고 있다. 이것이 현재 가난한 제 3세계의 오염을 더욱 심화시키면서 소위 선진국 자신들은 깨끗한 환경을 갖게된 이유다.

실제 선진국의 환경이 개선된 것은 오염산업을 이전시켰기 때문이다. 그러나 환경문제의 근본적 오염을 배출하고 있는 것은 선진국의 소비양식과 생산방식이 주된 이유임을 알아야 할 것이다. 안 그래도 못 사는 제3세계가 부자들의 쓰레기까지 떠 안고 있는 셈이 된 것이다. 선진 공업국과 저개발국의 환경운동은 그래서 큰 차이가 있다. 빈곤의 문제와 환경문제는 직결된 문제이며 환경운동은 이를 고려해야 한다.

사회적·생태학적 정의로움

요즘 들어 정의에 대해 새롭게 이야기를 한다. 과연 사회적으로나, 생태학적으로 정의로운 것이란 무엇인가? '생물학적으로 최소한 생존을 위한 욕구의 충족(needs)'은 정당하지만 그것을 넘어서는 것은 욕망이라고 말씀하신 적이 있다.

예를 들어 최소한 종족보존을 위한 성욕은 필요하지만 탐닉의 조건이 되어서는 안 되며, 식욕도 공복을 채우는 것까지는 필요하지만 더 좋은 맛에 탐닉하려는 욕구는 정당하지 않다고 말씀하셨던 것 같다. 개발은 최소한 생태계 수용능력의 범위를 넘어서지 않을 때 생태학적으로 정의롭다고 말씀하셨다.

과거에는 부지런하게 일해서 많은 돈을 버는 것이 좋은 일이었으며 정의였다. 그리고 인간간의 평등을 추구하는 것이 과거에는 정의였지만 오히려 자연을 고려하지 않고 인간만 생각하는 것은 정의롭지 못하다고 판단하는 시대다.

이제 과연 무엇이 정의인가에 대해 이야기를 듣고자 한다.

환경문제를 대하는 태도에서 우려되는 두 가지 측면이 있다. 먼저 자신들의 환경문제만 우선으로 생각하여 결과적으로 제3세계 사람들의 빈곤을 유지시키고 강제하는 경우다. 다시 말하면 자기들은 먼저 개발되어 풍요를 누리면서 그것을 지속시키기 위해 환경을 무기로 제3세계에 개발을 제한하며 발전을 억압하는 선진개발국가의 부도덕성이다. 이런 문제로 환경문제가 이용되어서는 안 된다. 그러나 반대로 질병이나 빈곤의 해결이라는 측면만을 강조하여 전지구적으로 닥친 환경문제를 부차적인 문제로 만드는 것 역시 경계해야 한다.

전지구적 차원에서 그리고 장기적으로 볼 때 환경문제가 최우선적이며 인류 최대의 문제임에는 틀림없다. 그러나 이것이 각

론으로 들어갈 때 모두에게 무차별적으로 똑같이 적용되어서는 안 된다는 말이다. 부분적으로 더 강조해야 할 부분은 빈곤과 질병문제다. 빈곤과 질병문제에 부닥친 사람에게 이 세상에 이보다 더 큰 문제는 없다. 실제 빈곤과 질병은 환경문제에 앞서서 해결되어야 할 문제다. 굶주린 사람이 먹기 위해, 병든 사람이 낫기 위해 하는 행위는 그 어떤 다른 논리로도 반박할 수 없이 정당한 것이다. 그것은 동물로서 필수적인 생존 조건이다.

개나 소에게도 죽지 않고 살 권리가 있다. 인간도 마찬가지다. 인간이라는 이름 때문에 동물적인 생존권을 포기해야 할 이유는 없다. 그러나 정신적인 인간은 전지구를 살리기 위해 한 개인은 삶을 희생할 수도 있다. 어쨌든 최소한도 동물적인 생존의 요구는 이해되어야 한다.

문제는 탐욕과 이기심을 갖고 살아가는 기존의 의식과 생활태도를 고쳐야 한다는 것이다. 인간이 '수행(修行)'이 필요하다고 하는 것은 바로 이러한 의식의 전환을 위해서다. 나아가 그러한 탐욕과 이기심이 사회갈등을 일으키기 때문에 다른 사람을 배려하는 선의지와 행위로 공동체를 만들어가도록 하자는 것이다. 인간의 탐욕과 이기심이 결국에는 인간 스스로를 파괴하고 인간 공동체를 파괴하며 자연을 파괴한 것이다.

예를 들어 담배 피우는 사람이 담배 피우고 싶은 것이 본능의 작용인가? 담배 피우고 싶은 것은 길들여진 것이다. 그런 길들여진 욕구 때문에 다른 사람에게 피해가 가는 일을 해선 안 된다. 담배를 피우는 욕구는 사회 속에 권장되고 길들여진 것처럼, 인간의 풍요는 '보다 더 많이, 크게, 빠르게'라는 욕구를 키우고 모두에게 길들여 왔고 그것이 인간간의 문제를 넘어서 지구적 위기를 초래한 것이다.

따라서 이러한 문제를 풀기 위해서는 정신적 가치관과 생활방식을 변화시키는 수행(修行)과 이것이 사회화되어 사회구조적인 변화를 도모해야만이 근원적인 문제가 해결된다. 이것을 제외하는 그 어떤 운동도 근본적이지 않다. 잘못된 사고와 가치관을 바꾸지 않은 채 저항과 반대, 규제만 한다면 실질적인 해결이 불가능하다.

어떤 사람은 '그러한 생각은 옳다. 그러나 한 개인은 가능하지만 전체가 그렇게 되기는 어려운 일이며 구조를 바꾸는데 아무런 도움을 주지 않는다'고 한다.

그러나 실제 자기의 수준만큼 일하는 것이다. 자기가 변한 만큼, 자신의 열정만큼 확대되는 것이다. 자기의 변화가 왜 사회운동과 직결되지 않으며 구조의 변화에 의미가 없는가. 의미가 없다고 생각하기 때문에 하지 않는 것이다.

개인의 삶의 방식을 변화해가면서 동시에 자각한 사람들이 뭉쳐 제도를 고쳐나가면 된다. 한순간에 전세계를 깨우친다는 것은 어렵다. 그러나 한 사람 한 사람 깨우쳐서 전인구의 1%가 자각하고, 또 이들의 사는 방식이 달라지면 다른 사람에게 파급효과가 커진다.

구조의 변화를 생각하는 사람들은 대부분 변화의 대상에서 언제나 자신은 제외한다. 그러나 실제 모든 운동은 개인의 변화를 확대하면서 동시에 제도와 정치의 변화로 접근해야 한다.

직선적 시간관과 순환적 시간관

생태적 위기를 초래했다는 비판을 받고 있는 기독교의 교리는, 인간이 신의 형상을 닮았다는 것에서(인간 중심성), 인간에게 피조물을 지배하고 정복하라는 신의 명령도 문제지만, 더욱 커다란 문제는 시간관의 문제라고 본다. 기독교의 시간관은 태초에서 종말까지를 직선적으로 생각한다. 이것은 근대 진보적 역사관의 기초가 되었고, 직선적인 성장과 발전이라는 의식으로 연장되었고 이런 방향으로 계속 나아가야 한다는 자본주의 발전에 기초가 되기도 했다.

제레미 리프킨[3]이 쓴 <엔트로피>에서 엔트로피를 감소시키기 위한 인간의 가능성을 높이 평가하고 인간의 노력 여하에 따라 희망적 비전을 제기하지만, 엔트로피 자체도 일방향의 시간성에 근거하고 있다. 그의 입장을 토대로 다시 그를 비판하자면, 인간의 노력은 그러한 종말을 유보할 뿐이라는 결론밖에 나오지 않는다. 다른 한편으로 제임스 러브록의 '가이아론[4]'은 인간을 포함한 생명으로서 지구가 스스로를 조절하기 때문에 오히려 인간의 노력이 중요하지 않다는 결론에 도달할 수 있다.

---

3) 제레미 리프킨(Jeremy Rifkin)은 열역학의 제2법칙, '엔트로피의 법칙'을 통해 현대 물질문명을 통렬하게 비판한 문명비판가다. 리프킨 특유의 문명비판방식은 물질만능, 과학만능의 패기찬 오만에서 벗어나 인류사 발전을 생태주의 시각에서 바라보게 해 준다.
현재 미국 생물과학기술협회 회장을 맡고 있으며, 의회위원회에서 경제 및 사회 문제에 관한 노사관계 고문을 역임했고 카터 행정부에서 미국 경제의 1980년대 계획 입안에 참여한 바 있다. 저서로는 "Who Sould Play God?", "The Emerging Order", "The North Will Rise Again", "Commonsense 2" 우리 나라에서 번역된 것으로는 "엔트로피", "노동의 종말" 등이 있다.
4) 제임스 러브록(James Lovelock)은 1919년에 태어나 런던 대학교와 맨체스터 대학교에서 화학을 전공했으며, 의학 박사 학위를 가지고 있다. 그는 미국에서 예일 대학교와 베일러 대학교 의과 대학에서 강의했으며, 또 하버드 대학교에서 록펠러 펠로 소서 강의했다. 현재 영국 콘웰 주의 쿰브 방앗간이라는 헛간을 개조한 연구실에서 독립된 과학자로서 연구하고 있으며, 해양 생물학회 회장이고 런던의 왕립학회 회원이다. 또한 NASA(미국 항공 우주국)의 요청으로 NASA의 화성 생명체 존재 유무에 관한 탐구 계획인 바이킹 위성 발사 계획에 참여하기도 하였다. 저서로는 "가이아: 생명체로서의 지구(범양사)"와 <Gaia:The Practical Science of Planetary Medicine>의 저자다.

직선적으로 역사를 본다면 인간은 환경운동을 하든 하지 않든 언젠가 위기를 맞게되는 비운의 운명이다. 그러니까 직선적인 시간관으로 본 미래는 어떻게 설명하든 종말로 치닫고 있는 것이다. 그러나 불교의 시간관은 직선적이지 않고 순환적이라고 말하는 사람도 있다.

불교는 시·공간(時·空間)의 절대성을 부정한다. 공간적으로 긴 거리 짧은 거리, 시간적으로 긴 시간 짧은 시간은 서로 다르지 않다. 의상대사께서 〈화엄경〉의 핵심사상을 노래로 정리한 〈법성게(法性偈)〉에 '일중일체다중일(一中一切多中一) 일즉일체다즉일(一卽一切多卽一) 일념즉시무량겁(一念卽時無量劫) 무량원겁즉일념(無量遠劫卽一念)'이라는 말이 있다. '하나 가운데 일체가 있고 일체 가운데 하나가 있으며, 하나가 곧 일체이고 일체가 곧 하나이다. 한 생각이 한량없는 긴 세월이요, 한량없는 긴 세월이 곧 한 생각하는 찰나다.'

이런 차원에서 볼 때 불교는 직선적 시간관뿐 아니라 순환적 시간관도 부정한다. 시간이 흐른다는 개념 자체가 부정된다고 볼 수도 있다. 시간이란 존재의 변화를 나타내는 관념이다. 우리가 사물을 현상적으로 관찰하면 아침에 해가 동산에서 떠오를 때 해가 생겼다고 생각하고 서산에 질 때 해가 없어졌다고 생각하는 것이 직선적 시간관이다. 그럼 순환적 시간관은 무엇일까? 해는 동쪽에서 떠서 서쪽으로 지고 다시 동쪽에서 뜨는 것을 되풀이한다고 보는 것이다.

그런데 객관적으로 보면 둘 다 틀린 말이다. 해는 생기고 사라지는 것도 아니고, 뜨고 지는 것도아니며, 지구를 도는 것도 아니다. 태양은 항상 떠 있는데 지구가 돌면서 생긴 우리의 착각이다. 우리 눈에 그렇게 비칠 뿐이다.

시간이 직선적으로 흐른다는 것은 얼토당토 않는 말이다. 직선적인 관점에 비해 순환관은 그래도 설득력을 가질 수 있다. 그러나 그것 역시 객관적 사실은 아니다. 실제 태양은 생기고 사라지는 것도 아니며, 태양이 지구를 도는 것도 아니다.

진리의 세계는 시공을 초월한다. 즉 시간이라는 것 자체가 관념이다.

존재의 변화를 보고 우리가 직선적으로 혹은 순환적으로 사고한 것일 뿐이지 존재의 변화 자체는 직선적인 것도 순환적인 것도 아니다.

앞에서도 언급한 것처럼 물은 산꼭대기 샘에서 시작하여 바다로 가면 끝난다고 사고한다면 이것이 직선적 시간관이다. 그것은 여기서 시작해서 저기서 없어진다는 생멸관이요, 창조되었고 종말한다는 사고다.

사실은 어떤가? 바닷물이 수증기로 증발하여 하늘로 올라갔다가 다시 빗물이 되어 떨어지는 것을 반복하고 있는 것이다. 이 반복의 측면에 주목하면 순환한다고 말할 수 있다. 그런데 또 존재의 순환이라 하면 사람들은 이 물이 바다로 갔다가 이 골짜기로 오는 식으로 돌고 돈다고 생각한다.

여기서 말하는 순환이란 그런 단순한 순환이 아니다. 바다에 간 물은 하늘로 증발하였다가 빗물이 되어 다른 곳에 가서 떨어질 수도 있고, 전기분해 되어 산소와 수소로 될 수도 있고, 수소와 산소가 결합해서 물이 될 수도 있고, 다른 쪽의 물이 떨어져 이 골짜기로 올 수도 있고, 지하에 몇백만 년 갇혀 있을 수도 있다. 존재는 이곳에서 저곳으로, 이 모양에서 저 모양으로 변하면서 이동하는 것이다. 변화하는 것은 시간이 아니라 존재가 변화을 하는 것이다. 그 변화의 속도를 인간이 시간의 흐름으로 인식한 것이다. 엄격하게 말하면 시간문제는 아니다.

환경적으로 건전하고 지속 가능한 개발

　세대간의 평등성에 대해 질문을 하고자 한다. 지금 환경문제에　있어　최대의 유행어가 ESSD(Environmentally Sound And Sustainable Development;환경적으로 건전하고 지속 가능한 개발)이다. 지속 가능한 개발이란 환경과 경제발전 사이의 문제를 규명하는 과정에서 정리한 용어다. 이는 '미래세대의 가능성을 훼손시키지 않는 범위 내에서 현재 살고 있는 사람들의 개발'을 뜻한다.

　그러나 이것도 지금과 같은 경제 중심적 세계관 속에서는 생태적 지속 가능성에 중심이 있기보다는 경제적 지속 가능성에 무게 중심이 있는 용어로 비판되고 있다. 그렇다면 과연 '지속 가능한 발전을 위한 삶'에 대한 태도와 가치관은 무엇인가.

술 마시는 분위기가 전사회의 모든 사람에게 팽배해 있을 때 술을 마시지 못하게 하는 것은 불가능하다. 어디를 가도 술이 있고 모두가 마시는데 어떻게 안 마실 수 있는가. 그러나 생활조건이 바뀌면서 술이 몸에 안 좋은 것으로 밝혀졌고, 그것이 알려지면서 한 사람 두 사람 술을 마시지 않는 사람이 늘어나기 시작했다.

술을 마시지 않는 것은 몇몇 특정한 종교인들만의 숭고한 도덕인 줄 알았지만, 보통 사람들도 술 마시지 않는 사람들이 하나 둘씩 늘어가면서 술 마시는 문화가 바뀌고 있다. 과음하거나 폭음하는 사람이 과거에 비해 줄어들고 있다. 이것이 지속되면 사회 전체가 술을 마시지 않는 방향으로 바뀔 것이다. 누가 강제로 금주령을 내린 것이 아니라 술 마시는 것은 어리석은 짓이라는 문화가 자리잡으면 술을 안 마신다.

요즘은 담배 역시 자연스럽게 끊어가는 분위기다. 그런 사람들이 점점 많아지니까 제도도 함께 바뀌어 공공건물 안에서는 대부분 금연이 정착되었다. 이렇게 가치관이 바뀌어버린 사회에서는 술을 마시지 않고 담배 피우는 것을 그만두는 게 어렵지 않다.

그런 것처럼 지금 우리는 대량생산하고 대량소비하며 풍덩풍덩 쓰고 사는 것이 잘 사는 삶이라는 사고가 팽배하여 그것을 지향하는 것이 일반적 삶의 방향이다. 그런데 한편에서 지금과 같이 공기와 물이 오염되고 생태계가 파괴되고 인간간의 갈등이 심해지고 삶은 더욱 피폐해져 가고 있다. 이러한 삶이 제대로 된 삶이 아니라는 생각이 점차 높이 일고 있다.

그래서 이렇게 사는 것보다 인간끼리 정을 나누며 건전한 공동체를 만들고 환경을 오염시키지 않는 생활양식과 다른 사람에게 봉사하면서 적게 벌고 적게 쓰는 삶을 살면 얼마나 행복할까 하는 인식이 확산되어 하나의 문화로 잡혀나가면 전환이 이루어질 수 있다. 이렇게 되면 계속 경제개발을 해야 하고 빨리 나아가야 된다는 생각을 멈출 수도 있다. 물론 저절로 되는 것은 아니다.

　다 떨어진 옷을 입고 아무 데나 살면서도 그 누구보다 행복하게 산다면 이런 나를 보고 사람들은 생각할 것이다. 자신은 힘들고 괴로운데 저 스님은 도대체 어떻게 항상 즐겁고 기분좋게 일하며 살아갈까? 거기에는 무언가가 있다고 생각한다. 그래서 내 이야기나 법문을 관심 있게 듣는다. 아등바등 힘들게 하지 않고도 행복하고 편하게 살 수 있는 길이 있다면 쓸데없이 그 아까운 시간을 낭비할 까닭이 없을 것이다. 그래서 함께 공동체를 이루고 살아가려고 할 것이다.

　이기심에 끌려가는 것이 정말 자기를 괴롭힌다는 것을 자각한 사람들이 이 속에서 행복을 누리면 자연적으로 사람들의 의식도 바뀐다.

야마기시즘 실현지나 팜(The Farm) 공동체[5] 같은 곳에 들어온 사람은 바깥에서 헤매다가 들어왔지만, 그 안에서 행복을 느끼고 일단 그러한 행복감은 느낀 사람은 바깥으로 나가지 않는다. 그러나 이렇게 모범적인 개인들의 행동을 통해 사회적·제도적 변화를 끌어낼 수 있겠느냐 하는 점이다. 이 문제는 바라보는 사람에 따라 다르다.

일반적으로 왕이 되려고 형제나 부모를 죽이는 일이 세계사 속에 널려있는 사례다. 그러나 시켜주는 데도 안 하고 나가는 사람도 있다. 이 사람이 별종이라서가 아니라 모든 인간이 다 그럴 수 있다. 왕의 길이 행복하게 사는 길이 아님을 확실히 알았기 때문에 수많은 왕족과 귀족들이 부귀와 권력을 버리고 출가하여 부처님의 제자로 살아갔다. 그 사람들이 살아가는 길이 지금보

---

5) 야마기시즘 실현지는 1961년 일본의 도요사또에서 시작하여 일본 전역과 우리 나라, 미국, 스위스, 브라질, 타이, 독일, 호주 등 전세계에 40여개의 실현지가 있는 무소유 일체사회를 지향하는 대표적인 공동체마을로 우리 나라에는 화성에 향남실현지가 있다.

팜 공동체는 1960년대 중반 미국의 학생운동과 문명비판, 히피운동이 고양되면서 1971년 테네시주 내시빌 근처 한 농장을 구입하여 약 300여명으로부터 시작된 공동체마을로 많은 진폭이 있었지만 현재에도 나름대로 독특한 공동체적 삶과 질서를 만들어나가며 자연출산, 두부요리법, 단파라디오를 통한 개인간의 통신수단으로서 위성텔리비전 기술개발 등 관련 자기들만의 전문성을 많이 축적하고 있다.

본 교육원에서는 생태적대안운동으로서 공동체운동에 대하여 다양한 연구와 조사를 실시하고 있는 중이다. 발간한 자료로는 "공동체를 찾아서", " 생태위기시대의 공동체운동" 등이 있다.

다 물질적으로 편한 것은 아니다. 나무 밑에서 자고 다 떨어진 옷을 입고 지금보다 훨씬 더 곤궁한 생활을 했다. 그랬는데 수도 없는 사람들이 그 길로 갔다. 다만 모든 사람이 가지는 못 했다.

오늘날 우리가 이런 문제에 대해 불가능하다고 생각하고 있는 자신을 깊이 관찰해 봐야 된다. 우리 심성을 깊이 관찰해서 정말로 내 개인에게 행복한 것인지 살펴봐야 한다. 내가 가능하다면 다른 사람들도 가능하다. 내가 할 수 없다고 판단하거나 가능하지 않다고 생각하기 때문에 다른 사람에게도 설득되지 않는 것이다. 깊이 생각해 보고 내가 그렇게 사는 것이 진정으로 행복하다고 느낄 때, 재산이 많아 행복한 것이 아니라 어렵지만 뜻 있는 일을 하면서 그 속에서 다른 사람보다 훨씬 행복감을 느낀다면 다른 사람의 삶이 부럽지 않다. 이렇게 사는 것이 나만 가능하면 모두에게 가능한 것이다.

내가 정말 좋다고 생각하며 즐거워한다면 당연히 많은 사람에게 흡인력이 생기고 이를 통해 마침내 제도와 문화를 바꿀 수 있다. 지금은 우리가 아무리 고함쳐 봐야 메아리밖에 안 들리지만, 모범적이고 실천적으로 살아간 우리 삶의 역사적 기록과 대안이 있으면 그때는 한순간에 많은 사람들이 사고의 전환을 이루고 사회제도와 문화도 새로운 문명으로 넘어올 수 있다.

그렇다고 지금 다 되는 것은 아니다. 이렇게 모델과 대안을 만들고 연구하는 과정에서 많은 사람들로부터 힘을 얻게 되고, 그것이 마침 막다른 골목의 긴박한 사회적 조건과 만나면 전체사회는 변할 수 있다. 설령 우리가 아무리 훌륭한 대안을 내놓는다 하더라도 이 사회가 긴박하지 않는 조건과 만나면 변화의 기회가 오지 않을 수도 있다. 그럴 때는 시간을 기다려야 한다. 그래도 안 되면 우리만 헛일한 것이라고 생각해서는 안 된다.

　그러한 고통을 헤쳐가는 내 삶의 과정 하나하나가 그대로 행복했기 때문에 그렇게 해서 해결된 미래도 기쁘지만 지금도 행복해야 한다. 그러다가 환경적 비극이 오지 않아 우리의 예견이 틀리다면 그것이야말로 기뻐하고 좋아할 일이지 내 삶이 실패한 것은 아니다. 차가 넘어져 내 팔 하나가 부러지고 다른 사람이 안 다쳤으면 기뻐해야지 나만 재수 없다고 생각하면 안 된다. 내 팔 하나 부러진 게 참 다행이라고 생각해야 한다. 우리가 이렇게 살아서 우리도 좋았고 세상이 그렇게 안 됐으니까 더 좋았다고 생각되어질 때 내 인생은 참으로 행복한 삶이 된다. 행복하게 잘 산다는 것이 먼 곳에 있는 것이 아니다. 스스로 선택한 길에 후회 없고 좀 부족하고 힘들어도 보다 많은 사람이 다 같이 잘 산다면 그야말로 서로 살려주는 행복한 삶이 아니겠는가?

한국불교환경교육원을 소개합니다

환경문제는 단순히 공기와 물이 오염되는 자연현상이 아니라 인간사회 내부에 축적된 모순들이 밖으로 드러난 문제이며 현대문명의 문제이자 지금 시대를 살아가는 인간의 문제이다. 따라서 지금 환경문제의 해결은 분절적이고 개량적인 처방책이 아닌 패러다임 전환을 통한 우리 삶의 양태를 완전히 바꿀 때 가능하다.

이러한 문제인식하에 '새로운 문명, 새로운 인간'이라는 모토를 가지고 문제해결을 위한 접근방식으로 '맑은 마음 · 좋은 벗 · 깨끗한 땅'을 추구하고 있는 한국불교환경교육원은 자연과 인간의 일체를 위해 생명존중사상을 중심으로 한 불교의 근본 가르침을 토대로, 각계 각층의 시민과 학생들을 대상으로 한 다양한 교육과 수련 프로그램을 진행해 오고 있다. 이와 함께 다른 환경, 사회, 종교단체들 간의 활발한 연대활동을 전개해 나가고 있으며, 축적된 경험과 성과들을 토대로 국제민간단체들과의 긴밀하고 내용있는 교류와 협력을 모색하고 있다.

● 교육원 활동안내

1. 환경교육 프로그램
▶생태학교 (일반인을 위한 환경교육)

매년 봄, 가을에 6주에 걸쳐 14회 진행
▶생명운동아카데미 (전문인을 위한 환경포럼)

매년 봄, 가을에 주제별로 9회 진행
▶어린이, 청소년 생명학교

매년 여름, 겨울 등 2회 진행

2. 지도자 워크샵 및 훈련 프로그램
▶지역 환경지도자 워크샵

매년 각 지역별로 1박 2일간 지역의 지도자들을 대상으로 실시
▶전국 환경활동가 워크샵

매년 1회 전국의 환경단체 활동가들을 대상으로 실시
▶불교지도자 환경워크샵

매년 1-2회 전국의 불교지도자를 대상으로 실시

3. 수련교육 프로그램
▶깨달음의 장

인간의 가치관과 생활양식의 전환을 위한 교육을 실시하고 있는 정토
수련원이 주관하고, 본 교육원이 협력하여 진행하고 있는 수련교육으
로, 일반인을 대상으로, 자연에 대한 근본적 인식과 인간에 대한 성찰,
자신과 타인, 자연과 일체의식, 소유의식에 대한 각성 등의 내용을 스
스로 깨닫게 하는 선불교적 환경 수련교육(매월 2회 진행)

►나눔의 장
인간의 공동체적 관계를 형성하며 인간성의 회복을 위한 불교적 인성
훈련 교육프로그램으로 정토수련원이 주관하는 교육에 협력하여 진
행하고 있다.(매월 1회 진행)

4. 불교환경운동
►불교환경축제 - 청정국토한마당
매년 환경의 날에 개최되는 불교단체 환경한마당

5. 생명운동 작은대학 (준비중)
생태적 각성을 중심으로 한 전문가 양성을 위한 민간차원의 전문교육

6. 연구조사사업
►공동체운동
►불교의 생명사상과 환경문제
►생태위기시대의 새로운 사회운동론

7. 연구자료집 발간
►자연과 인간이 더불어 사는 공동체를 찾아서
►불자환경수행지침서
►동양사상과 환경문제
►현대과학사상의 흐름과 환경문제
►환경친화적인 대안적 경제체제의 모색
►생활양식과 녹색소비자 운동
►생명운동과 대안적 환경교육

►에코페미니즘과 우리의 여성운동

8. 대외연대사업
►녹색서울시민위원회
►종교환경단체 연대활동
►전국귀농운동본부
►생명가치를 찾는 민초들의 모임
►해외단체와의 연대활동
►사찰환경위원회

9. 환경실천사업 및 생태운동모임 『초록바람』
한국불교환경교육원과 본 교육원의 생태학교 졸업생 모임인 "초록바람"에서는 환경기행, 산림폐기물 매립지 정화, 유기농 농촌활동, 켐페인운동, 생활환경운동 등 다양한 활동과 실천을 벌이고 있다.

정토총서 ❷
불교와 환경

1판 1쇄 1998.12.25 2쇄 2006. 9. 30

펴낸곳 / 정토출판
펴낸이 / 김정숙
엮은이 / 사) 에코붓다
등록번호 / 제 22-1008호
등록일자 / 1996. 5. 17
137-875 서울특별시 서초구 서초 3동 1585-16
전화 / 02)587-8992 전송 / 02)587-4077
인터넷 / www.jungto.org E-mail / book@jungto.org

1998, 정토출판

값 5,000원

ISBN 89-85961-18-7
ISBN 89-85961-16-0(세트) 03220